YVES SAINT LAURENT
l'homme couleur de temps
Fiona Levis

伊夫·圣洛朗
时代的色标

[法]菲奥纳·李维斯 著
余磊 李月敏 译

作家出版社

目　录

绪　言

　　在众多杰出的女装设计师中，伊夫·圣洛朗可说是一个另类。他活跃在一场最为巨大但又最不为人所知的变革发生的时代。"伊夫就是今天"，美国的一份报纸在上世纪六十年代这样写道。他不仅装饰着其所处的时代，而且还代表着他的时代、散发着时代的气息并造就了那个时代，正如那个时代也造就了他，同时又毁了他。他便是那个时代的媒介。这使他的命运同时带有了光辉和悲剧的色彩。

　　那是一个奇特的时代，与伊夫同为"黑脚"①的让·达尼埃尔（Jean Daniel）称之为"断裂的时代"。它奇特而又遥远。圣洛朗出生于1936年，就是西班牙内战的那一年，而他第一套时装的成功则是在克里斯蒂安·迪奥（Christian

---

① 指出生在阿尔及利亚的法国人。

Dior）去世之后，在 1958 年，那年暴动的阿尔及利亚使戴高乐（De Gaulle）重掌政权①。自此，历史的旧桥下便泛起了激流。他的梯形裙装（robe trapèze）距今已有五十年，相当于从第一次世界大战结束至 1968 年革命②的时间间隔。没有一点考古学者的精神，我们是无法深入了解一个如此逝去的时代的。因为这五十年经历了一个世界的极快终结和一个新世界的来临。欧洲文明中出现了一道断层。伊夫在二战前度过了他的童年时光，在非殖民化前经历了他的少年时代，在第二届梵蒂冈公议会前长大成人。而我们，带着我们的无线保真技术（wifi）③、我们的伦理道德和我们致力于绿色星球的斗争，站在了这道断层的另一边，仿佛与他相距了数百万光年。

圣洛朗的作品和个人生活都与这种变化有着直接的联系。在此我们仅强调一点：从上世纪六十年代初开始，他

---

① 1958 年，阿尔及利亚暴动。国民议会被迫授予戴高乐将军全权，并委托其制定新宪法。戴高乐接管了议会、总统和政府的全部权力。
② 1968 年 5 月前后，法国发生了一系列学潮、游行示威、罢工等群众运动，史称"五月风暴"。这场风暴是戴高乐执政以来国内阶级矛盾加剧、经济疲软、反对派势力加强及青年学生对现存制度不满等一系列矛盾的总爆发。它虽然很快消散，但给法国政治和经济都带来了较大冲击，在客观上也促进了法国加快改革的步伐，缓和了各种矛盾。
③ 全称 Wireless Fidelity，该技术与蓝牙技术一样，同属于在办公室和家庭中使用的短距离无线技术。

就公开声明自己是位同性恋者。他将其时装店的经营、他的财产和他的日常生活都托付给了他的朋友和爱人皮埃尔·贝尔热（Pierre Bergé）。这可非同小可。同性恋在今天或许已算不得特例，但在当时，同性恋患者却被置于社会的对立面。同性恋从道德和宗教戒律方面来看是一种错误，对于世俗法则来说是一种反常，在医学上则又被认为是一种疾病。然而它的真实情况却并非如此。如果我们想要了解生活在当时的人们以及他们为各种解放而进行的斗争，我们就应当记住这一点。如果我们还希望知晓这位为时装业殚精竭虑的伟大的年轻人为何在击碎其才华和生命之前热爱、憎恨、体现、造就着他的时代，我们就应当略微勾勒一下时代的背景，该背景可说是构成这一人物的不可分割的一部分。

伊夫·亨利·多纳·马蒂厄-圣洛朗（Yves Henri Donat Mathieu-Saint-Laurent）1936 年 8 月 1 日出生于阿尔及利亚的奥兰（Oran）。当时，法兰西殖民帝国正在五大洲数百万平方公里的土地上扩张。但阿尔及利亚却不在法国的殖民范围之内：它的三个省是统一的法兰西共和国不可分割的组成部分。距马蒂厄-圣洛朗家几千米处的凯比尔港（Mers el-Kébir）海军基地藏有当时世界第二大海军的数艘最美丽的舰船。在经历了第一次世界大战的破坏和1929年经济危机的打击之后，欧洲在总体上呈现出恢复上升的态势。虽然美国从此瓜分了欧洲的工业和金融霸权，但欧洲在人类活动的其他领域仍独占统治地位。巴黎依然是无可争议的集智慧、文化、文学、戏剧、舞蹈的时尚之都。它也依然是世界的政治中心之一，但其地位已不如伦敦和日内瓦——在那里罗马和柏林引起了人们最大的忧虑。3月，由于英美的盲目和法国外交的软弱，民主国家任由希特勒占领了莱茵河左岸，从而失去了轻易解除其带来之威胁的最后机会。这一错误的代价将是数千万人的死亡。然而在1936年8月，人们并没有想到会有此结果。时间在罢工和带薪休假间消磨殆尽，人民阵线①在镀着金色幻想的火山上起舞。

随后灾难突然降临。当英国海军摧毁停泊在凯比尔港码头的解除武装的法国舰队、屠杀近两千名手无寸铁的水手时，伊夫四岁，躲在家里的地下室中。当美军在北非登陆时他六岁；当塞蒂夫（Sétif）骚乱②时他九岁；而当人们

① 1935年建立的法国反法西斯主义统一战线组织。
② 1945年5月8日，阿尔及利亚东部小城塞蒂夫发生暴动，要求阿尔及利亚的独立和主权，法国军队进行了血腥镇压，造成大量平民丧生。

最初所称的"阿尔及利亚事件"开始时,他十八岁。

第二次世界大战之后,元气大伤的欧洲在美苏共同领导的世界中丧失了其地位和一切实际的权力。这种可怕的勾结迫使欧洲将自己的很大一部分让给了共产主义。法国虽然勉强从美国的直接控制中逃脱,但却因财政上依赖于美国而屈从于后者。法兰西殖民帝国分崩离析,伊夫父母的出生地阿尔及利亚也随之要求独立。阿尔及利亚民族解放阵线(FLN)的恐怖行动残忍凶暴①。然而这名年轻人却与他的家人不同,他希望看到一个有别于法国统治下的阿尔及利亚。他离开了阿尔及利亚,来到巴黎,在那里确立了他女装设计师的生涯。他进入了迪奥旗下,继承了后者的事业,并以其第一套时装"梯形"获得了成功,与此同时,戴高乐将军重新执政。

两场战争并不足以耗尽欧洲的全部资本。法语依然是富裕和有修养者的语言,依然是激发时尚的语言。它也继续在外交、赌博和击剑领域中通行。它还一直是诺贝尔文学奖的语言。没有人能够想象时尚会在巴黎之外的其他地方产生。此外,自从德国入侵和法国解放以来,世界各国

① 1954 年,阿尔及利亚民族解放阵线发起了独立战争,开启了一个由殖民者和独立部队发起的游击战和恐怖袭击的时代。

的士兵在巴黎尽情享乐，同时也带来了他们的女人，她们就在那里购物。

戴高乐花了四年时间来清偿战后的欠款，为此他廉价处理了阿尔及利亚[1]，但是他也使法国成为了西欧第一大政治和军事强国和第二大经济强国，并使其恢复了独立。1966 年，圣洛朗开办了他的"左岸"（Rive Gauche）服装店。这是一个天才的简单想法，是一次彻底的变革：通过成衣使高级时装成为人人都能得到的东西。这是一位年轻的企业家在一个年轻敢为的法国所取得的成功，当时全世界都对法国充满了信心。1968 年，法国法郎与西德马克平价汇兑，在巴黎骚乱最激烈的时候，欧洲的商人们却平静地全盘接受了法郎的贬值。另外，尽管停业了一个月，圣洛朗的服装销量依然上涨（顺便提一下，香槟酒的销量也上升了。这不止是一种象征，更是一种预兆。那些企图抑制消费社会的人无意中为此创造了有利条件）。

对于法国来说，二十世纪七十年代并不那么辉煌。第五共和国没能解决国民教育所提出的问题，1968 年 5 月的

---

① 当时，法国军队陷入了阿尔及利亚战争的泥潭中，戴高乐决心甩掉这个包袱，允许阿尔及利亚独立。他采取全民公决的形式，让法国人民和阿尔及利亚人民决定是否赋予阿尔及利亚以自决权，结果 70% 以上的选民投了赞成票。

余波加重了经济和公众思想的负担，构思拙劣的丑陋的混凝土在城市及其周边蔓延。不过蓬皮杜（Pompidou）和吉斯卡尔（Giscard）部分实现了国家的工业化。经济合作与发展组织（OCDE）的一些预测说法国不久将成为世界第二大出口国。同时，尽管文艺依然繁荣、人们热情不减，但巴黎还是渐渐失去了其极乐鸟的羽毛。艺术和文学找到了其他的港湾，就连女人们也开始考虑她们可以在别处购置服装。然而圣洛朗却在此时达到了其事业的顶峰，这或许是由于其令人惊讶的服装套系，但主要还是因为他的时装系列在世界各地的街头获得了成功。

因此，伊夫·圣洛朗可说是一位没落中的才华横溢的大师，这种没落以双重身份触动着他：一重是他所彰显的手工业的没落，另一重是他自幼生活其中、受其熏陶的国家和大陆的没落。与通常的情况一样，这种没落也有过奇特的、活跃的、有创造性的、令人心碎的、自由的、繁荣的时刻。伊夫·圣洛朗便是这种没落的创造者之一，同时他也感觉自己是它的牺牲品，他曾数次这样说道。随着年龄的增长，他开始变得瞻前顾后，就像罗得（Loth）的妻子一样，茫然不知所措①。

老年人往往会厌恶他所生活的与其童年时极不相同的世界，但圣洛朗的不适却与常人不同：昙花一现的感觉和时代的剧烈动荡交汇在一起。二十岁时，他拥有了一切。四十岁时，他拥有的更多。然而他五十岁时的世界却不再与他的童年和他的成就有任何的联系。世界直接由殖民扩张转入了郊区骚乱的时代，法国也从超级明星坠落为"低调"的六边形②。欧洲呈现出许多世纪以来从未有过的变化。

1958 年，当圣洛朗以其梯形裙装获得成功时，控制论还是科学家们的一种设想，会计员在整理他们纸盒中的卡片，女士们穿着紧身裙。碧姬·芭铎（Brigitte Bardot）的裸体令全世界震撼③。人们去电影院看电影前要查看天主教会对影院的评价。法国人和其他欧洲人都去做弥撒。教士们讲拉丁语。政策由麦克米兰（Macmillan）、阿登纳

---

① 典出《圣经·创世纪》：由于所多玛和蛾摩拉两城的罪恶深重，耶和华决心要毁灭它们。在毁城之前，天使将所多玛城中善良的罗得一家带出了城，并说："逃命吧！不可回头看，也不可在平原上站住，要往山上跑，免得你被剿灭。"罗得的妻子忘记了告诫，她在逃跑时回头看了一眼，于是变成了一根盐柱。
② 法国本土呈六边形。
③ 1952 年，碧姬·芭铎身着无肩带圆点图案比基尼泳装出演了电影《穿比基尼的姑娘》。她的性感超出了当时男权世界的尺度，以至于 1958 年梵蒂冈甚至展出她的照片作为魔鬼的象征。

（Adenauer）、戴高乐等正直的老先生们制订①。科幻小说作家的头脑中从未闪过艾滋病、疯牛病、禁止吸烟或者强制使用汽车安全带的踪影。稍晚一点的时候，"披头士"（Beatles）②和他们的"粉丝"都还系着领带。人们还颠倒主语和动词的顺序来加强疑问句的语气。随后一切都改变了。第二届梵蒂冈公议会使罗马教会顺应了时代的需要。教士们纷纷还俗，神学院和教堂空无一人。女权主义者在街上游行。她们得到了避孕药，不久又获得了堕胎的自由和协议离婚的权利。时装式样方面则出现了没有胸罩的女游泳裤、撒哈拉短袖上衣、吸烟装③和女式裤装。这一切都发生在1968年前后的数年之间。

圣洛朗强烈地感受到了这种变化。这给他带来了欢乐和财富，从某种意义上说也带给了他失望。不管怎样，这种变化都激荡着这个充满复杂情感的灵魂。其富有情感或

① 麦克米兰、阿登纳和戴高乐分别是当时的英国首相、德国总理和法国总统。
② 又名"甲壳虫"，是英国利物浦的一支乐队。他们是历史上获得最大商业成功和舆论好评的乐队。他们的服饰、发型和语言让他们成为了潮流的引领者，而他们日益增长的社会意识也让他们的影响力渗透到了上世纪六十年代的社会和文化革命。
③ 最初是指上流社会的男士在晚宴结束后脱下燕尾服坐在吸烟室里抽烟时换上的那种黑色轻便装。圣洛朗在1966年设计出了第一件女性吸烟装。吸烟装的经典元素有：领结、马甲、铅笔裤、粗跟高跟鞋、金属质感配饰、英伦绅士礼帽、修长收身皮草西服、皮手套、褶皱的长丝巾、长筒马靴等。吸烟装是一种由男士礼服的经典设计和细节与女性的高雅、柔美等元素完美结合的中性风格，主要表现在硬挺有金属光泽感的质感面料和整体宛如一支纤长香烟的I形轮廓。

美感的内心也狂舞乱跳着。可以说,它们的相会、混合与交配造就了一个最富悲剧性的命运。在他的成就中,人们可以感受到他几近造物主的预知和远见,他能够敏锐地嗅到其同时代人的需要并塑造着社会,但这丝毫没有减弱他存在的困难、时代的碰撞以及如疯狂的电动弹子般震动着其头脑的情感。仿佛他的手指位于现在,思想处于未来,而灵魂则属于过去。

第一章

成　就

1. 王子幼年的城市

1949 年，在大海环绕、烈日暴晒的石城奥兰（西班牙属地），一个十三岁的男孩对他的妹妹们说："总有一天，我要让我的名字以火红的颜色写在香榭丽舍大街上。"

八年之后，1957 年 11 月 15 日，这位小男孩已经长大。他以胜利者的姿态出现在蒙田大道的一个豪华楼厅里。虽然不是在香榭丽舍大街，但也相去不远。他的身材虽已成人，但依然是娃娃脸，嘴巴略微抿紧，厚厚的树脂镜片下流露出审慎的微笑。一群摄影师拥挤在他的周围，贪婪地拍摄着他的相片。伊夫·马蒂厄-圣洛朗（这是他从父亲那儿得来的名字，只有有名望的人才能在姓名中带上"马蒂厄"的字样）继承了克里斯蒂安·迪奥的事业。一个月前辞世的时装业教皇、New Look 的创造者[1]、战后巴黎高级时

---

[1]　1947 年 2 月，迪奥举办了他的第一个高级时装展，立即轰动了时装界。这次时装展所推出的时装款式被美国记者命名为New Look。

装之都地位的恢复者指定了一名刚满二十一岁的接班人。在巴黎秋季的潮湿中，王太子妃、青少年同性恋者和漂亮的妇人们都聚集到世界上最著名的服装店跟前，一睹这位神童的风采。

八年，在人的一生中转瞬即逝，但对于短暂的青春而言却是永恒。迪奥公司新主人的脸上流露出满足、隐约的嘲弄，或许还有一点不屑以及不安的神情。梦想实现了，还有什么要做呢？伊夫·马蒂厄-圣洛朗在写给母亲的信中吐露了纠缠着他的混杂的情感："忧愁、焦虑，同时也有喜悦、骄傲及对无法成功的恐惧。"他此后的一生正印证了这句话。那将是一段在焦虑和恐惧中度过的无与伦比的成功与荣耀的历程。

刚被指定为迪奥的接班人，他便在其位于奥兰的家中设计了他的第一套夏装。这套夏装于1958年1月30日在十年间获得无数成功的迪奥公司的时装展示会上被展示。女性出版界的领军人物埃德蒙德·夏尔-鲁、艾莱娜·拉扎雷夫以及《时尚芭莎》（*Haper's Bazaar*）的主编卡梅尔·斯诺都前来作了谨慎的评论：成衣日渐赢得了市场，而克里斯蒂安先生设计的最后一套服装却不让人信服。不过圣洛朗推出了他的第一批服装式样"机场"、"法航"和"阿尔玛"，并获得了成功。新颖的几何线条赋予了服装梯形的形状，令人着迷。在喝彩声中，这位年轻的女装设计师被人从他躲藏的后台拉出来，他戴在黑色西服饰孔中的那株铃兰被扯掉，整个人被淹没在口红、崇拜和赞叹声中。第二天，《曙光报》（L'Aurore）发表了题为"迪奥旗下力作，梯形女装万岁"的文章。

在《快报》的封面上，当年的明星画家贝尔纳·比费画了一条梯形裙装。他还为杂志《艺术》撰写了一篇颂词，标题为"伊夫·马蒂厄-圣洛朗，前途无量的腼腆青年"。他在其中写道：

"人们曾说克里斯蒂安·迪奥是一位魔术师。然而他最后的功绩却可能是在最需要的时刻让这名年轻人出现，这不是为了取代他，而是为了继续他的事业。"

新闻界又开始炒作。各大报刊上充斥着对这位新人的溢美之词和各种绰号："小王子"、"克里斯蒂安第二"、"淡紫色眼睛的无名青年"、"忧郁的年轻人"，后来又出现了"时装界的约翰尼·哈里代①"。《费加罗报》为这类文章定下了基调："几乎看不出来，他已有二十一岁。他的身

① 约翰尼·哈里代是法国乐坛的代表人物。他于1940年代出生于比利时，十多岁起已经开始演艺生涯，其音乐风格影响了法国老中青三代人。

材像旋花一样修长，在合身的西服上装里显得十分瘦削，近视眼镜后面闪烁着羞怯的目光。他的神情像是一名受到家里奖励的中学生，更像是一位初次出行的小王储。"

十年后，在《费加罗文学》上，埃德蒙德·夏尔-鲁略微细致地描述了他的形象，这一描述并未改变上述基调："身材修长的高个青年，与脸上不停滑下的厚眼镜作着斗争。他带着迷惑人的闲散神情，持重多于羞怯。"

然而4月，小王子却要离开他的保护区，到现代艺术的象征"原子塔"（Atomium）前为布鲁塞尔世博会举行开幕典礼。他保持了自己一贯的风格，在"欢乐比利时"签名时默不作声。比利时人好奇地看着这个沉默的巴黎人。

相比这些心理上的细微差别，迪奥公司的老板更关心的是成果。世界上最大的富豪之一、纺织业巨头马塞尔·布萨克（Marcel Boussac）① 从这年年中开始便志得意满，随着梯形裙装系列的问世，营业额增长了百分之三十五："我有理由充满信心。"不管服装上的饰品是什么，只要能够获取利润！到处都有人以高价争夺这名年轻人。法拉赫·迪巴（Farah Diba），未来的伊朗皇后，向他定做了她

---

① 1946年，在布萨克的资助下，迪奥在蒙田大道上成立了以自己名字命名的时装公司，布萨克从此成为迪奥公司的所有人。

的结婚礼服！直到 1960 年 7 月，伊夫·马蒂厄-圣洛朗成功不断。他在迪奥公司创作的十套时装全部赢得了评论界的喝彩与公众的肯定，弓形线系列、长线系列、"明日剪影"系列，还有"柔软、轻盈、生活"系列。

随后，阿尔及利亚战争爆发，年轻的服装设计师应征入伍，但不久便提前退伍，这使他的事业出现了暂时的衰落。尽管如此，他还是在 1961 年 12 月 4 日创办了自己的时装店，并于 1962 年 7 月 29 日举办了他的第一场时装展示会。所有人都注视着他。迪奥最终安葬后，他为了成为其接班人而失去了继承者的有利身份，这是一次冒险。他再次成功通过了他的升级考试。人们期待着一位明日青年的时装套系，人们向一位今日的大师奉香叩拜。《生活》杂志（Life）承认那是"继夏奈尔以来最好的女式套装"，《战斗报》则写道："伊夫·圣洛朗的巨大才华在于使时代的怪癖具有了高雅的气派。"

些微的懒惰丝毫不影响要点：从名字中去掉"马蒂厄"后，圣洛朗将加冕高级时装二十六年。专家们不久就会注意到该系列中有一些极受人们追捧的服装：厚呢上衣、水手服、紧腰宽下摆女衫。它们具有圣洛朗的风格，被业内人士称为继 New Look 之后的 Now Look 标志。的确，肯尼迪夫妇是美国迷恋时尚的"斑比"①，美国的富豪们涌向欧洲的流行式样，涌向"时尚的疯狂成功"。

在此我们不去描述他四十年的创作生涯，包括上世纪六十年代的疯狂、七十年代的独霸以及随后作为近来最伟大的女装设计师重返时装界的舞台，他被荣誉所淹没，在有生之年便进入了博物馆。我们只需记住，对于他的同行、公众、报界和他自己来说，他是高级时装业的两大巨匠迪奥和夏奈尔的继承者。

在 1971 年 1 月 10 日夏奈尔辞世后，世上只剩下了一位时装大师，而当两年后另两位时装界的名人巴伦夏加（Balenciaga）和斯基亚帕雷利（Schiaparelli）逝世后，这种硕果仅存的局面就更为明显。他曾自豪地说道："我从迪奥先生那儿学到了手艺，而夏奈尔小姐则帮助我找到了自己的风格。"

从迪奥那里，他或许得到了一些更为重要的东西、一些除时尚和服装设计之外的其他东西，"作为女装设计师所应具有的基本的高贵"。他十分清楚自己的价值，因此又补充道："世界上只有三千名身着高级时装的顾客，一个也不

---

① 斑比是迪斯尼动画片《小鹿斑比》中的主角，弱小的它最终成长为鹿群的新领袖。此处"斑比"喻指圣洛朗。

多。我拥有其中的两百或三百名,他们因喜爱而穿戴着我的作品。新闻记者的观点对他们有什么影响呢?高级时装是一种追求。"

最后他得出结论:"重要的不是你们如何看待我,而是我如何看待你们。"

重要的还有业内人士对他的看法。他的同事们称赞他就像一位巫师。他早期的一个车间的工人们在看到他随心所欲地操纵织物时赞叹不已:"他的双手仿佛充满了魔力。"

努力和训练成就了这种魔力。克里斯蒂安·迪奥教会了他默默地、一丝不苟地工作。初入时装界时,他每天早上七点半便走进工作室穿上了工作服,直到晚上九点,待样品做好摆进橱窗后方才离开。他午饭吃一片烤肉,晚饭吃一个三明治,不喝酒,不抽烟,不出门。那时他还不是明星,只是一个工匠,过着几近修道士的生活。

几十年后,一名前金牌销售员在回忆最初他与学徒们一起吃快餐或同她一起吃煎蛋时说道:"当你与伊夫一起工作时,你除了喜欢他别无选择。他总是能说出体贴的话语。"

人们像喜欢孩子一样喜欢他,他拥有孩童般甜美的外表和不屈的意志。他还具有一些儿童的专心、认真以及对人和事的尊重。即便在他的私人生活妨碍了工作甚至他与亲属关系恶化时，他对车间里他周围的女工依然和蔼可亲，从不忘记在称呼年轻姑娘时加上"小姐"二字。这种礼貌表达了他对为他工作的所有女工的职业的尊敬："这些日夜在机器前工作的女人们，有时我会让她们把一切都拆掉重来。如果我自己都不相信的话，我是不会让她们去做的，这样无异于冒犯她们；她们也许感觉得到，因而也许会看不起我。"

举止有礼、处事严谨、循规蹈矩，当1963年三岛由纪夫（Mishima）在东京遇见圣洛朗时，是这些直观的东西吸引着这位日本大作家吗？他是否感觉到自己与这名第一次在日本展出其作品的杰出青年具有某种相似之处？某种智力上的、审美上的、精神上的、肉体上的相似之处？他至少在这个有着明晰头脑的高个子身上发现了一些特别的东西：乳臭未干的外表下掩盖着帝王的意志和骄傲。在《肉体学校》（*L'Ecole de la chair*）一书中，三岛用了好几页篇幅来描写圣洛朗。我们从中看到了那位疲惫不堪的女装设计师，因海关给他的时装带来的延误而痛哭流涕，随后又灵巧地重新制成了他的样品，就如"瓮中捉鳖"般轻而易举。通过这次危机，三岛对伊夫作出了评价，称他为"具有钢铁般神经的孩子"。就是在那以后，时装杂志记者黛安娜·弗里兰给了他"巨童"的绰号。

这两位说的都有道理。圣洛朗的才华和坚定与他的童年有关。他清楚这一点并因此而庆幸。在其职业生涯的末尾，他在所有媒体前都为没有抛弃儿时形成的梦想和希望而感到高兴。

* * *

实际上，小王子的职业生涯并非是从 1957 年或者 1949 年开始的，而是要早得多。在他还不满十岁时，为了让他在一周的学习之余放松一下，他的母亲给他报名参加了每周四下午由奥兰美术学院院长阿尔贝·米尔凡开设的课程。伊夫与其他四十九名与他同龄的儿童一起临摹石膏像、调制水粉颜料。孩子们的作品每年都会被展出。有一天，一位女士向老师指出："您知道小马蒂厄-圣洛朗吗？他发明了一种特别的白色！"

他在颜料中加入了银粉。四十五年后，米尔凡还记得这项早熟的探索，但给他留下更深刻印象的则是那幅艺术作品周围的威尼斯玻璃框：其他孩子只满足于将自己的画钉到墙上。的确，作为海运代理人，老马蒂厄-圣洛朗同时还经营着一个连锁影院，收入丰厚、生活舒适。

他的小天才也确实具有点石成金的本领。在家中，小马蒂厄-圣洛朗画国王和王后，组合花束，给他的妹妹米歇尔化妆，还开始写作剧本。他表演、设计服装、编排导演。他开始在《时尚》（Vogue）上撰写文章，发表电影首映的报道和巴黎晚会的照片。他追逐巴伦夏加、迪奥和纪梵希（Givenchy）的时装系列。星期天的上午，他陪母亲去市歌剧院，在那里他充分领略了意大利、维也纳和轻歌剧。他就这样在梦想中长大。他爱做梦，曾先后梦想成为戏剧家、画家和女装设计师。他曾以"伊夫·马蒂厄-圣洛朗、高级时装、旺多姆（Vendôme）广场"的名义为"德·昂莱（de Henlé）夫人"撰写过虚构的商人回忆录并为此设计出了四套时装：斯坦尼斯拉斯（Stanislas）、征夷大将军（Shogun）、紫罗兰（Yolanda）和玛塔·哈莉（Mata Hari），别忘了还有帽子，总价高达四十万法郎。

该发生的终于发生了。1951年，圣洛朗登上了《奥兰回声报》（L'Echo d'Oran）的版面。他的两个妹妹为市芭蕾舞团举办的年度庆典跳舞，他则设计了多套服装和剧院入口的两幅海报。评论界盛赞"一名任其想象力驰骋的十五岁的年轻艺术家"。

　　并非所有人都赞成给予他如此热烈的称赞。他的那些属于旧学派的或者沉迷于萨特哲学的老师们为他那微不足道的成就而叹惜。两年过后，1953 年，他即将无法通过业士学位考试。他居然敢在他们的课上画女裙。两位老师中自诩具有宽容精神的那一位却斥责了他。怎么能在如此严肃的时刻专注于这样无意义的事情呢？

　　伊夫的脸红了，但他坚持着。他继续遵循着自己的内心，像河流一样平静。这年秋天，他寄了一幅画去参加国际羊毛局（le secrétaire général de la laine）举办的比赛并获得了三等奖。他在《奥兰回声报》上说道："直到现在，不管是哪一种画，我都任由自己受想象力的驾驭。我一直想要从事装饰艺术，尤其是绘制舞台布景。我希望能在巴黎继续我的学业，以使自己不断获得进步。"

　　1953 年 12 月，在前往巴黎领奖时，他遇见了《时尚》杂志的主编米歇尔·德·布朗霍夫。这次会面对他具有决定性的意义。布朗霍夫被他所吸引，建议他重新参加业士学位考试并与他保持着联系。建议被采纳了。在复习康德的同时，伊夫继续着他的梦想。他和妹妹们一起去买布料，还将他的画寄给布朗霍夫看，后者认为他具有时尚的天赋并鼓励他率性而为，不要局限于细小的时装人物像，而要挑战风景画、静物画和肖像画。在一封信中，年轻的伊夫表现出了一种温顺的服从："在绘画方面，我做了许多练习，尤其是描绘人像，因为我对风景不感兴趣。"

1954年6月，小马蒂厄-圣洛朗以普通的成绩获得了他的业士学位。同年秋，他渡过地中海前往进修时装业雇主联合会的课程并第二次参加了国际羊毛局的比赛。这一次他摘取了桂冠。这绝非小事。但裁剪课程并不能引起他的兴趣。他以前的戏剧梦纠缠着他，使他经常出入于剧场的台前幕后。在一直帮助着他的米歇尔·德·布朗霍夫的促成下，他进入了法兰西喜剧院，在那里练习钢琴和安排布景。然而他因自己的羞怯而感到沮丧，在巴黎陷入了困境。那里的冬季是漫长的，春天也了无生气。在两次排演之间的失落时间里，为了忘掉自己已经放弃了的学业，伊夫依然绘制着连衣裙，就像在哲学课上一样。一天，他给布朗霍夫带去了五十来幅画作。这个看似平凡如常的日子将决定一切。《时尚》杂志的主编被深深地震惊了，他在写给埃德蒙德·夏尔-鲁的信中说道："小圣洛朗昨天来了。令我吃惊的是，在他带给我的五十来幅草图中，至少有二十幅可以达到迪奥的水平。在我的一生中，我从未见过有谁比他更有天赋。"

他立即打电话给迪奥，后者于 1955 年 6 月 20 日接见了这名年轻人并即刻雇用了他。伊夫成为了迪奥众多助手中的一位。第一天，老板让他参观了车间。然后有人发给他工作服，有人告诉他坐在哪儿。他观察着这个地方和每个人的角色。很快他便为迪奥设计出了第一件礼服。对技术一无所知的他对这一首创进行了指导。礼服做出来了。1955 年 8 月 30 日，理查德·阿维顿（Richard Avedon）为《时尚芭莎》拍摄了这件礼服的照片，照片的题目是《多维玛和大象》（*Dovima et les éléphants*）①。

伊夫充满了自豪，但头脑仍保持着冷静。他每天早上来到公司，在克里斯蒂安·迪奥身边度过他的一天，几乎不说一句话。迪奥向他提出见解，几个月过后，他们开始相互启发。为此并不需要太长的交谈，年轻人设计并展示他的草图，大师越来越经常地表示赞同并为自己的时装系列选用前者的图样，就是这么简单。1957 年 7 月，在去世前三个月，迪奥承认："伊夫·圣洛朗还年轻，但他拥有巨大的才华。在我的最后一套时装中，我认为一百八十个式

_____

① 模特儿身着礼服站在两只大象之间，不但突显了服装线条的优美，也点出了人在服装中的自如和柔中带刚的力量。

样里有三十四个是出自他之手。我想现在该是让他在报纸上出现的时候了。我的声誉不会因此而受到影响。"

两年的共同工作足以建立起这种赏识和信任，剩下的就是命运的事了。1957年10月，迪奥在意大利为减肥而进行温泉治疗时心脏病突发，这使得高级时装业的沉重王冠奇迹般地落到了这个孩子的头上。从此他一生都统治着高级时装界，如同一位有时略显专制的国王、一位十分谦逊的王储、一名异想天开的王子、一名永远的淘气包。

这种多重性使与他一起工作的人们着迷，并且比利益或者某种更为粗鲁的统治更好地拴住了他们。最初的礼貌建立在一种难以觉察的威望之上。雇员们称他为"温柔的独裁者"。潜在的粗暴洗去了体贴的言行，出奇的苛求既抵消又烘托了殷切的关怀，这些永远都会给人留下深刻的印象。人们根本无法拒绝这个专横而又温柔的"巨童"。模特儿们总是为他而美丽，如果能有幸受到他的邀请，她们即便是在天涯海角都会赶过来。"这就如同出家修行。"她们中的一位这样认为。交流是直接的、无声的。"之后几乎就是终身。"她们总是像被催眠了一般留在他的身旁，仿佛是踮着脚尖，努力使自己提高到他要求她们达到的水平，害怕辜负了这位"人人都想永久征服的情人"。

最后，伊夫还具有被溺爱的淘气包的狡诈。每当经过工作室的门口时，他就会装出一副没有能力从事任何社会活动的等待救助的样子。他把事情的实践方面都交给了高级时装工作室的主任安娜-玛莉·米诺兹（Anne-Marie Munoz）。出于天性，后者很乐意像母亲一样呵护她的小王子，任由自己受他摆布。然而，当这位女主人不在时，他就会被忽略，大家会在暗地里嘲笑这个无意中被发现履行了其成人责任的小淘气。

尽管如此，可这仍然不是一出喜剧。2002年，当圆舞曲终止、伊夫·圣洛朗最终关上其时装店的大门时，人们注意到1957年他在迪奥公司结识的让-皮埃尔·代尔博尔（Jean-Pierre Derbord）和同样是他在迪奥公司认识的米诺兹夫人都在那一年退隐离去。老国王不希望在失去其年少时的保护人后继续他的统治。尽管具备钢铁般的神经和有魔力的手指，他还是知道自己在一个新生代前有所欠缺。

三年前，他曾在阅读罗宾德拉纳特·泰戈尔的《吉檀迦利》（*L' Offrande lyrique*）时吐露了他脆弱的隐情。在该书中我们可以发现如下几行字句：

那穿起王子的衣袍和挂起珠宝项链的孩子，

在游戏中他失去了一切的快乐；他的衣服绊着他的步履。

为怕衣饰的破裂和污损，他不敢走进世界，甚至于不敢挪动。

母亲，这是毫无好处的，如你的华美的约束，使人和大地健康的尘土隔断，把人进入日常生活的盛大集会的权利剥夺去了。

"巨童"立即也是永远地抓住了所有的成就：为此他付出了青春的代价吗？

2. 我的创作诀窍

少年国王不仅拥有一切成就，还拥有一切才华。

首先是戏剧方面的才华。他从来没有将戏剧遗忘，即便与迪奥的相遇使他永远加入了时装业。他在《名人录》（Who's Who）（第19版）中的出版说明揭示了这一点。在该书中我们看到他的"职业生涯被献给了高级时装业"，但是他的"作品"有五分之四是由布景和服装组成的。

自然，一切都是在奥兰开始的。在那里我们看到了小伊夫在年终芭蕾舞剧前给他的妹妹们化妆，正是在那时他和女仆的女儿、门房的儿子以及表兄弟们一起组成了一个真正的团队。随后他又用纸板创作了一出意大利式的微型剧，从而创造了一个纸板的世界。作为编剧和导演的他当时十四岁，刚刚知道了什么是舞台和演员。那是1950年5月6日，在奥兰剧院，路易·茹韦（Louis Jouvet）在克里斯蒂安·贝拉尔（Christian Bérard）的布景中演出了《太太学堂》（*L'Ecole des femmes*）。气氛、光线、演技，一切都占据了这位少年的心。他最终爱上了舞台的脚灯和自己的梦想。

然而，从 1955 年至 1958 年，迪奥公司的紧张工作夺走了他在舞台后台闲逛的一部分时间，但一有机会他就会立即回到他爱恋的地方。一次偶遇。在伊夫·圣洛朗那里，一切都是机缘巧合。他十分清楚这一点，在 1954 年写给米歇尔·德·布朗霍夫的信中说道："和贝拉尔一样，我对很多事情都感兴趣，但这些事情其实可归结为一类：舞台布景和服装、装饰艺术、插图制作。另外，我感到自己被流行服饰深深吸引，我对职业的选择必定是源自一次机遇，而这次机遇则存在于我的某项潜能之中。"

机遇来自琪琪·让梅尔（Zizi Jeanmaire）。一天，她在丈夫罗兰·佩蒂（Roland Petit）和克里斯蒂安·迪奥的陪同下出现在伊夫面前。为照料这对夫妇而筋疲力尽的迪奥把他们托付给了他的小助手，同时交给了他一项任务：为在梅德拉诺（Médrano）马戏团举行的艺人联欢会设计一件礼服。琪琪将在那里与费尔南代尔（Fernandel）搭档表演魔术节目。年轻的伊夫着了迷，从此成为了这对夫妇的崇拜者（当时还没有"粉丝"这种说法）并一生追随着他们。1949 年，在马利尼（Marigny）剧院，饰演卡门的琪琪·让梅尔（又名勒内·马塞尔）留了短发，于是伊夫立即让理发师给他的妹妹米歇尔剪去鬈发理成了"卡门式"的短发。随后又发生了其他事情。琪琪就是他心目中的女人，长腿、大眼、平胸。她可以穿他设计的服装。因此他在这件被其他人认为次要的礼服上倾注了自己所有的热情和技艺。他去除了礼服上无用的装饰，突出了这位舞蹈家的修长形体，从而创造出了自己的特色。深厚的友谊从中产生，伊夫的舞台艺术生涯也由此开始。从 1959 年起，罗兰·佩蒂向他定制了其芭蕾舞剧《大鼻子情圣》（*Cyrano de Bergerac*）的服装。十年后，圣洛朗服装店开业，但却因缺少资金而只能勉强维持经营：罗斯柴尔德家族（les Roth-schild）① 拒绝向该店总经理皮埃尔·贝尔热投入任何资金。如何弥补资金的缺口成为一时的难题。正是在那时，救星出现了。罗兰和琪琪为后者在阿尔汗布拉宫（Alhambra）的演出向伊夫订购了二百五十套服装。很多年过后，伊夫仍对他们心存感激："这使我在事业上得以东山再起。"

伊夫为他的这位好友设计了一些主要功效在于不给她

---

① 在欧洲乃至世界久负盛名的金融家族。

带来任何"束缚"的东西：结婚短礼服、黑石胸衣、男式羊毛套衫、金色夹克和天鹅羽毛饰。说起来微不足道，但在舞台上、在运动中，这就决定了一切。大众为之疯狂，好评也随之而来。天使圣洛朗用其新潮的魔法棒完全改变了歌舞剧。修长的小腿、美丽的髋部、扁平的乳房、漂亮的脸蛋、柔媚的双眼，这些在灯光、舞蹈和服装的作用下形成了一只极乐鸟。

琪琪·让梅尔承认了这次成功。圣洛朗从此成为她的戏装商。1970 年，巴黎夜总会被出售，罗兰·佩蒂在艰难的情况下获得了它两年的经营权。他准备举办一场文艺演出《玫瑰红香槟》（*Champagne rosé*）。这一次，伊夫回报了他在 1961 年给予的帮助，义务为他设计服装。琪琪变了。她不再是阿尔汗布拉宫的那个瘦削的骨感美人，而是变得丰满又有光泽。圣洛朗看着她，形成了他创作的诀窍。伊夫创造了琪琪。

两年后，以"琪琪我爱你"为主题，罗兰·佩蒂投身于一场由三十六个场景、三十二名舞蹈演员和六十名技师组成的大型演出，目的是"为恶趣味平反昭雪"。这就是要旨所在。琪琪的歌曲由塞尔日·甘斯布（Serge Gainsbourg）作词、米歇尔·勒格朗（Michel Legrand）和米歇尔·科隆比埃（Michel Colombier）编曲。莱奥诺尔·菲尼（Leonor Fini）和圣洛朗分别设计了六百套服装中的一部分。在这场一掷千金的奢华演出中还出现了白狐皮和威尼斯轻舟。演出获得了巨大的成功。整个巴黎都涌到巴黎夜总会的巨大楼梯下一睹琪琪的风采，她的小伙子们甘斯布、罗兰·佩蒂、伊夫·圣洛朗等围绕在她的身边。演出接连上演了一百七十场，带来了十亿法郎的收入，两倍于初期的投入，而且不用缴税：财政部长吉斯卡尔免除了巴黎夜总会的赋税。

圣洛朗像个小疯子一样玩耍着。他热爱歌舞剧。"必须同时具有无节制的感觉和明信片的精神。此外，较之戏剧，这更是与现实生活截然相反。贫乏的素材可以取得丰富的效果，反之，丰富的素材也会显得贫乏。"

以假乱真是时装设计师技能的一个重要部分，当然，在他为舞台工作时也是如此。另一大乐趣是："速度。在歌舞剧中，关键就在于此。为了创造一个世界，三件道具足矣：一大束黑色羽毛、一顶大帽子，下面是一个黝黑赤裸的高个女孩。当她上场时，剧情突变，仅此而已。"

圣洛朗还为罗兰·佩蒂设计了其他一些服装。1963 年，他受戈雅（Goya）的启发①，为改编自洛特雷阿蒙（Lautréa mont）作品的戏剧《马尔多罗之歌》（*Les Chants de Maldoror*）用心勾勒怪物的轮廓。1965 年，在《巴黎圣母院》（*Notre-Dame de Paris*）中，他用涂在嘴唇和指甲上的那种危险的红色布置了一个全红的圣迹区②，红得就像费德尔（Rhèdre）或艾丝梅拉达（Esméralda）的血管中那跳动着的混乱的王室血液。最后，他在 1967 年特别关照了罗兰·佩蒂在伦敦为鲁道夫·纽瑞耶夫（Rudolf Noureïve）和玛格·芳登（Margot Fonteyn）创作的芭蕾舞剧《失乐园》（*Le Paradis perdu*）。

然而，最后那次尝试未能使所有人信服，不过舞蹈却比歌舞剧更加深入了圣洛朗的心。舞蹈和舞者。他崇拜玛格·芳登和鲁道夫·纽瑞耶夫。这位俄国舞蹈家在他精湛的技艺之外还代表着力量、美丽、自由（他刚刚要求在西方避难）、金钱（他是当时世界上收入最高的舞蹈家）和荣耀。伊夫被征服了。然而纽瑞耶夫的年轻竞争者之一、

---

① 戈雅是西班牙的著名画家，他经常通过描绘一些寓言故事中的巫师、怪物甚至来自阴间的魔鬼的可怕、残忍形象，隐喻地表达了对现实中黑暗势力的不满。
② 旧时巴黎的一个区。该区集中了大量乞丐、无赖及流浪汉等，他们装成各种残废外出乞讨行窃，回区后即恢复正常，仿佛突然因"圣迹"而治愈一般，该区因此而得名。

原为古巴国家芭蕾舞团的舞蹈艺术家、人称"又一个纽瑞耶夫"的若热·拉戈（Jorge Lago）则更令伊夫折服。有人说舞蹈就是他的衣服。圣洛朗对他十分爱慕。1970 年，在琪琪的演出中，他为他设计了一套极其性感的服饰，其中包括护腕、盘绕周身的链条和响尾蛇，外加竖起的鳞片制成的三角裤。

芭蕾舞剧中的相对失败并未阻止圣洛朗进行其他形式表演的尝试。他与西尔维·瓦尔唐（Sylvie Vartan）尤其是约翰尼·哈里代一起涉足了音乐、舞蹈等各种文艺项目的联合演出。他在巴黎体育馆（le palais des Sports）里将后者打扮成了一个身穿黑色腰带的火红连裤服的时髦魔鬼（1971 年）。

当然他也接触了电影，并且也有自己的流行时期。1965 年，他在斯坦利·多南（Stanley Donen）的《谍海密码战》（*Arabesque*）中为索菲娅·罗兰设计了裙子；1974 年，他在阿兰·雷斯奈（Alain Resnais）的《斯塔维斯基》（*L'Affaire Stavisky*）中给安妮·迪佩雷（Anny Duperey）所作的设计探索了一种更为瘦削、更为冷艳的优雅；最后，他在《地铁》（*Subway*）中为伊莎贝尔·阿佳妮（Isabelle Adjani）准备了歇斯底里的塔夫绸。不过，最为引人注目的还是 1967 年他在《白日美人》（Belle de jour）中与凯瑟琳·德纳芙（Catherine Deneuve）的相遇。这不是因为布努埃尔（Bunuel）的影片质量，而是因为他与女演员间逐渐建立起来的友谊。对他来说，德纳芙日后几乎成为了他的使者[①]。

不过，他真正热爱的依然是戏剧。自从在奥兰受到《太太学堂》的震撼之后，他就希望成为另一个贝拉尔，集布景师和戏装商于一身，能够自由操纵色彩、光线和气氛。1964 年，在《费加罗的婚礼》（Le Mariage de Figaro）中，让-路易·巴罗尔（Jean-Louis Barrault）给了他第一次真正的机会。博马舍（Beaumarchais）的十八世纪令他陶醉。他非常高兴为该剧构思从头到脚的一切，甚至连家具也没有忽略。1966 年，他为考克多（Cocteau）的《圣兽》（Monstres sacré）的重演设计了阿尔莱蒂（Arletty）的裙子，并从中获得了同样的快乐。此后他经常为让-路易·巴罗尔、马德莱娜·勒诺（Madeleine Renaud）和克洛德·雷吉（Claude Régy）工作，尤其是在杜拉斯、彼得·汉德克（Peter Handke）和一些英国作家创作的现代剧中。

---

① 德纳芙从此成为伊夫的挚友，并多次为他的作品宣传代言。

然而，一直等到1978年他才开始直面其创立者的幽灵。那一年，他为考克多的《双头鹰之死》（*L'Aigle à deux têtes*）设计了布景和服装。该剧在文艺俱乐部（l'Athénée）上演，那里曾是茹韦表演的圣殿。茹韦、考克多，他儿时梦想的大师！《双头鹰之死》是他对戏剧的最初情感所在。正是通过讲述王后与刺客的可怕遭遇①，伊夫令他的妹妹们瑟瑟发抖。他并没有看过埃德维日·费耶尔（Edwige Feuillère）和让·马雷（Jean Marais）在埃贝尔托（Hébertot）剧场上演的这一剧目，但是该剧在1947年他十一岁时被改编成了电影。小男孩用他父亲从巴黎带回来的电影剧照制作了一本影集。他编织着可怕的梦境，在一处城堡中，手臂从墙壁中伸出来，就如同不可思议的诅咒。这个通常被称为"超现实主义"的世界，使之成形的特权和责任现在落到了他的身上。为此他全身心地投入进去。他在该剧首次演出的那一天保证："考克多的一切都在布景中展现了出来。"

或许是他过于希望在剧中加入自己的东西，评论界对此表示不满。《世界报》讽刺道："警察局长穿着一件漂亮

---

① 该悲剧以奥地利王室做背景。奥地利皇后深居宫闱孤寂十年，一天，一位长相和她死去丈夫相似的无政府主义青年闯入皇宫行刺她，却使她芳心重开。奈何阶级和身份悬殊，迫使她陷入身份和爱情的取舍之中。

的外套。"

《快报》的批评更为明确："埃及的金字塔、希腊的神庙、日本的神社和马利（Marly）的马群①同时出现，如此杂乱的风格，这是圣洛朗的布景吗？还是一部力图成为悲剧的浪漫戏剧那令人困惑的样子？依然是同样的光芒，但却不再是同样的火焰。"

较之风格，日渐老去的少年国王可能更多地混合了种类。戏剧和时装表演是两个不同的世界。时尚端详着自己。由舞台后面望去，他设计的裙子从几乎无法察觉的涂鸦中显现出来。最好是从产生巨大效果的已定型的技巧中获取一切，还要有一位适合圣洛朗的演员。习惯于歌舞剧的圣洛朗能否不费太大力气就转换这一切？然而布景与导演几乎完全是两码事。并非必需另一种才能，但却是另一种职业。

这就是伊夫告别戏剧的原因。1980 年，他仍为热罗姆·基尔蒂（Jérôme Kilty）的《亲爱的说谎者》（Cher Menteur）设计了服装和布景。该剧由让·考克多改编，由伊夫年少时的两位大明星让·马雷和埃德维日·费耶尔出

---

① 卢浮宫中的马利庭（Cour Marly）展出的是五至十八世纪的雕塑，其骏马形象非常生动，充满了动感。

演。这是一种驱除过去的巫术、再见亡灵和恢复被遗忘的心灵的跳动的方式。然后便是退隐。戏剧是一个古老的梦想，时装业是一个高要求的职业。"我不可能两者兼顾。我不能，如今我再也不能了：与此相对应的是放弃我曾做过的一切，突显出五百名我所珍视的、深爱的、给我良好回报的人们。"

的确，在这两者之间，他几乎没有时间睡眠（他这样说道，或者说是没有时间生活，但这并不重要）。然而，潜伏在他身上的哗众取宠在被这位严肃的手艺人赶出门的同时又通过窗户回到了戏剧的世界。人们注意到了这一点：自从他在迪奥公司的第一部报刊文章汇编以来，圣洛朗便将时装表演当做真正的剧幕来悉心对待。这种倾向日渐加强，从 1977 年的冬装系列开始变得尤为明显。这套于 1976 年 7 月 28 日在洲际饭店（l'Hotel Intercontinental）帝国大厅内展示的冬装，被意味深长地命名为"俄罗斯芭蕾"并被其创作者评定为"最美丽"。晚礼服从黑暗中出现，使观众们淹没在激动的波涛之中，它们缓缓前进，仿佛是被卡拉斯（Callas）的声音传送而来。勒内·巴雅维尔（René Barjavel）在《星期日报》（*Le Journal du dimanche*）中写道："展现在我们面前的不止是一套时装，更是一大事件。

自保罗·普瓦雷（Paul Poiret）和俄罗斯芭蕾舞剧以后，巴黎从未见过任何东西可与之相媲美。"

由于不再继续为戏剧工作，圣洛朗在编织宏伟梦想的同时将剧场回廊变成了时装表演的舞台，这些表演近似于歌剧、芭蕾舞剧和一切短暂的美丽、片刻的精华、一去不复返的运动。他与摄影师贝莱（Bailey）、西埃夫（Sieff）、伯丁（Bourdin）和纽顿（Newton）之间的融洽相处丝毫不令人惊讶：他们都从名师潘恩（Penn）、阿维顿、戈达尔（Godard）、费里尼（Fillini）或毕加索（Picasso）那里学到了瞬间捕获感动的技艺。他们和他一样，都是时代的眼睛。他们围绕着相同的模特儿、相同的"爱捷丽"①，如简·诗琳普顿（Jean Shrimpton）和凯瑟琳·德纳芙，希望让她们永远活跃在纸面上，就像我们希望永久保持蝴蝶的色彩鲜艳那样。这些有眼力的旁观者之间的默契帮助了他。几十年间，他们原封不动地传递着模特儿们的优雅：服装，以及穿着这些服装的女人。

就这样，我们通过从头至尾地翻阅圣洛朗的作品发现，侵入电影、戏剧和芭蕾舞剧中的服装、布景、图纸和照片

---

① 曾启示过罗马王努玛（Numa）的仙女，后引申为给艺术家灵感启示的人。

构成了一场宏伟的演出，就如同费里尼喜欢在其影片结尾展示的杂技表演。数个世纪的表演。圣洛朗的想象力在其一生的各个时期反复呼唤着的那些传说和幽灵在剧场回廊上络绎不绝。她们全都为这一演出作好了准备：蓝天使（l'Ange bleu）、托斯卡（la Tosca）、郝思嘉（Scarlett O'Hara）、埃玛·包法利（Emma Bovary）、德拉克洛瓦（Delacroix）画笔下的摩洛哥妇女、任性的叶卡捷琳娜二世（la grande Catherine）、苍白的茶花女（la Dame aux camélias），在她们旁边有一个斜倚着的陌生女人、一个正在上车的身影。这是一部电影，是一场内心的戏剧，伊夫·圣洛朗将之变成了时尚，甚至变成了一种生活的方式。

3. 左岸商业

说到现在，伊夫·圣洛朗一直在梦想着、工作着，但我们还没有看到他每天的生活。我们知道他是位女装设计师，但我们却不知道他靠什么生活、怎样生活、在哪里生活。然而"巨童"在数年间变得极其富有。他拥有了世界上的一切金钱。

但是他对此并不关心。他把管理的责任托付给了他的爱人皮埃尔·贝尔热。因此后者才是我们了解伊夫日常生活所需要观察的对象。

1958 年 1 月，他们因梯形裙装系列的展示而相遇于迪奥公司的时装发布会。那是皮埃尔·贝尔热第一次参加高级时装展示会，出于对全巴黎都在谈论的时装界新星的好奇，他陪同他当时的朋友、画家贝尔纳·比费前来。但直到 1960 年冬，在伊夫·圣洛朗从部队退役①之后，贝尔热才带着他前往加那利群岛（Canaries）度蜜月。之后，在1961 年，他们一起迁入了位于沃邦（Vauban）的新居。

人们从未见过差异如此之大的一对。皮埃尔·贝尔热不是个孩子，他出生于 1930 年，而且没有任何天才之处。他的神经也绝不似钢铁那般坚强。无视其爱人沉默的持重，他会因一些微不足道的小事而对他人大发雷霆。在伯格曼（Bergman）之前二十年，这对伙伴就一直上演着"喊叫与耳语"②。

皮埃尔认为自己大胆果敢，所有人都对此表示赞同。然而，作为同性恋和自学者的焦虑折磨着他。这只是让他在政治、审美、财政等各方面更为专断。重要的是永远正确，永远处于支配地位。1989 年 1 月，当纽瑞耶夫被任命为当时由皮埃尔·贝尔热执掌的巴黎歌剧院的艺术指导时，他曾如此恭维他遇到的这位老板："他行走时总给人精力旺盛的感觉。"

这名食欲过盛者碰到了圣洛朗这位对现实的厌食症患

---

① 1960 年，阿尔及利亚战争爆发，伊夫应征入伍，但生性内向害羞的他因不堪忍受军中的虐待，仅仅两周时间便精神崩溃，不得不提前退役。

② 1972 年，著名导演英格玛·伯格曼拍摄了电影《喊叫与耳语》。

者，后者把生活中的一切具体事务都交给了他。什么都不应打扰象牙塔中的少年修道士。他的敏感近乎病态。他的一位朋友笑话他："当他关闭收音机时，我猜想他正在对播音员说对不起。"

作为交换，他要求一种绝对的安静。他人和生活都不应打搅他。多亏了皮埃尔，他实现了这一点。他从不需要操心任何事，总是能得到最好的零料、最好的供货商和最好的女工。他只需存在和思考。

他的另一名亲友证明说："他与现实没有任何接触。如果他的抽水马桶水箱出了问题，皮埃尔会处理它。"他不会一个人坐飞机。在前往征服美国之前，他从未跨进过超级市场。与世事之间的如此距离是否显示出对生活乐趣的厌恶或者至少是某种蔑视？也许吧。伊夫有一天承认道："当我们在想象中经历过多时，我们会不时为没有更接近现实而感到遗憾。"

关于他和皮埃尔结成的这一对，第三位证人得出了结论："这是杀人者和自杀者的相遇。但杀人者保护了自杀者。"

因为皮埃尔·贝尔热读过帕斯卡尔（Pascal）的作品，

所以他知道权力的特性就是能保护①。他在他的诏书中保护着"巨童"。伊夫就是其王国的皇帝，是其梦想和礼服的修道士。他与一位负责同外界联系的奇怪修士缔了约，一劳永逸地将俗世的钥匙都交给了他。而皮埃尔清楚地知道自己的责任，他像一位具有大男子主义思想的管家一样安排着伊夫的生活，同时也发展他的业务，直到使伊夫·圣洛朗时装公司成为拥有众多子公司的跨国企业。

然而，皮埃尔其实丝毫不像个生意人，他知道并承认这一点，他的同行也证实了这一点。此外，他的英语说得不好。但他不喜欢在同一个问题上反复再三，而且他十分爱财。他告诉我们："我会用英语……算账。"

这一断言从一开始便得到了事实的证明。

1961年秋天对于伊夫·圣洛朗和皮埃尔·贝尔热来说是艰难的。没有最低额度的资本，他们无法创办时装店。由于埃里·德·罗斯柴尔德（Elie de Rothschild）拒绝投资，皮埃尔卖掉了他在圣路易岛（l'île Saint-Louis）的房子和几处餐厅，但这远远不够。直到12月1日他们才找到了其余资金。"他们"其实就是指皮埃尔一人。他成功了。

_____

① 参见帕斯卡尔《思想录》第23篇"正义、强力与习俗"。

11月5日，被伊夫称为"亚特兰大（Atlanta）的美国人"的马克·罗宾逊（J. Mack Robinson）签了约。他带来了百分之八十的资金，皮埃尔提供了其余的部分，伊夫则作为公司的董事。这是美国人首次拥有了一家法国时装店。罗宾逊在三年内投资了七十万美元。作为交换，贝尔热保证关于该新企业的信息第一时间出现在美国时尚界的圣经《女装日刊》（Women's Wear Daily）上。生意就是生意。

不久，圣洛朗离开了他在其车间开办地租住的房间，搬入了位于斯蓬蒂尼（Spontini）街的一处府邸。他的系列服装很快获得了成功，但这没有立即表现为金钱上的效果。三年后，罗宾逊抽回了他的出资。贝尔热好不容易才找到了里夏尔·萨洛蒙（Richard Salomon）来接手他的公司。事情逐渐走上了正轨。第一个大的转折是1966年9月26日首家"左岸"服装店在巴黎六区图尔农（Tournon）街二十一号开张。该店的方针是出售真正的圣洛朗成衣。贝尔热与小工厂主孟戴斯（Mendès）密切合作，后者十分灵巧地为他加工服装。

老实说，皮尔·卡丹（Pierre Cardin）已经有此想法，但皮埃尔·贝尔热准备更大规模地采用它并使之系统化。他用短裤给他的竞争者做记号，轻蔑中混杂着嫉妒。因为后者自称为右派①，并且装出从未读过书的样子②。无法忍受！贝尔热最不能容忍的莫过于他的对手开办了"卡丹空间"（Espace Cardin）③。他立即决定也创办剧院，为的就是要胜过对手。他俩的剧院都上演了翁克皮斯库（Onc' Pis-cou）及其竞争者弗莱尔苏（Flairsou）的一些剧目。

不管怎样，"左岸"是成功的。人们来这里聊天和碰面，就像在一个有点儿奇特的俱乐部里。在主人刻意布置的热情而又现代的装饰中，人们感觉很舒服。凯瑟琳·德纳芙第一个光顾了该店④。对于伊夫·圣洛朗来说，1966年一切都很顺利。《时尚芭莎》授予了他最佳女装设计师的奖项。他的"左岸"时装店很快就遍布了法国和世界。1968年9月26日，"左岸"的第一家美国分店在纽约开业。美国人排起了长队。营业收入打破了纪录。库存在三周内被销售一空。《时代》杂志（Time）指出："伊夫的名字具有魔力。"

1969年，"左岸"时装店已分别在欧洲和美国开设了

---

① 与之相对，皮埃尔·贝尔热是一名左派无政府主义者。
② 皮尔·卡丹幼时家境贫寒，十四岁便辍学回家，去一家裁缝店当了学徒。
③ 1970年，皮尔·卡丹投资建立了一座艺术中心"卡丹空间"，该中心位于巴黎市中心区，内部设有餐厅、酒吧、剧场、画廊、工作室等设施。
④ "左岸"开业第一天，凯瑟琳·德纳芙就来捧场，她买了款裤装，那个款式很快就流行起来。

十九家和十家分店。如此发展到上世纪七十年代，时装界出现了圣洛朗一枝独秀的局面。随着服装系列的不同，高级时装的销量或增或减，但圣洛朗的服装店、许可证以及最初的附属产品，如香水和配件，却在不断地发展。尤其是，只要你在世间漫步，你就能观察到模仿圣洛朗作品的人、生产成衣的人以及街上所有的人都在很大程度上追随着他的品味、他的系列时装。

1974年7月14日，注意到此种发展的皮埃尔·贝尔热将住所从斯蓬蒂尼街搬到了马尔索（Marceau）大道五号。然而，从该时期开始出现了一种不断增强的现象：高级时装的收入不再只等于巴黎"左岸"时装店的收入。即便是三年后对阿拉伯市场的美妙征服也未能真正扭转这一趋势。不过，海湾的公主们是既大方又爱打扮的。

和众多其他服装设计师一样，圣洛朗的真正摇钱树在于香水领域。1977年7月末，"鸦片"香水问世。这个名字在报界引起了长期的争论，产生了巨大的商业效应。刚刚出现的"中国"系列已经为此铺平了道路。位于来宾最前列的凯瑟琳·德纳芙身穿撒哈拉短袖上衣，目瞪口呆地看着伊夫的幻想经过。以下是圣洛朗以抒情的方式表达的他对中国的看法："长城的阴影比成吉思汗的青铜盾更为可怕，它将我击得粉碎。从我破碎头脑的沉醉中突然出现了以往的历代王朝，再现出它们的疯狂、它们的傲慢、它们的高贵、它们的强盛。最后，我终于识破了紫禁城的秘密，从中向你们释放出我的审美幽灵、我的皇后、我的著名女歌唱家、我的梦想漩涡、我的墨汁和双绉的夜晚、我的款彩①漆器、我的人工湖和我的空中花园。"

从这一沉醉中产生的"鸦片"香水立即受到了人们的欢迎，这种欢迎广泛而持久。十年后，它依然占据着圣洛朗香水销量的一半，并且保持着美国市场上头号法国香水的地位。

随后，圣洛朗又于1981年推出了"神仙的香水"科诺诗（Kouros）。在广告中，一名肌肉发达的青年男子象征着征服的精神。为了帮助该产品的推广，鲁道夫·纽瑞耶夫在巴黎歌剧院（l'Opéra-Comique, salle Favart）的舞台上表演了舞蹈。

两年后，在巴黎的马尔索大道上，约瑟芬·贝克（Joséphine Baker）手持一个粉黑相间的小瓶子唱道："我有两个爱，故乡和巴黎。"伊夫解说道："巴黎，我的新香水。

---

① 漆工艺的一种，是几百年前欧洲贵族追逐的奢侈品。

巴黎，灰蓝的天空。埃菲尔铁塔。一名女子和一束玫瑰。（……）这个女子，如何抵挡得住她的魅力？她一下子就赋予了香水以生命。突然间，巴黎已找不见她。清晨的卢森堡（Luxembourg）公园，只剩下两张低声诉说历史的空椅子和寂静无声的泉水。（……）在这里我应该能重新找到这名女子。花神咖啡馆。服务生，一杯咖啡和热羊角面包。圣日尔曼德普雷（Saint-Germain-des-Près）：平台、钟楼、树，完全就是一个帝国。（……）我看到她了，真的是她。我闻到了她的香水味。埃菲尔铁塔给她充当了羽饰。路灯投下了她的身影，然而，不可思议地，她消失在地铁之中。我用尽全身力气叫喊，但她却在人群中蒸发。"

皮埃尔将这一清早的抒情变成了一笔可观的买卖。十年后，"巴黎"依然和"鸦片"一起，在欧洲的香水市场上稳居销量前十位，其营业额共计达到了十亿法郎。

皮埃尔·贝尔热的胃口越来越大。上世纪八十年代是他的幸运期。1981 年左翼上台执政，这令他十分满意。老战士从他年轻时的选择中得到了好处。他当上了时装业雇主联合会的主席，不久又被突然任命为巴黎歌剧院的院长。1986 年 12 月，他从美国的施贵宝（Squibb）实验室里为伊夫·圣洛朗买回了"里茨的查尔斯"（Charles of Ritz）香水。此次交易的总金额为六亿三千万美元。从此，在圣洛朗公司二十五亿法郎的营业额中，香水和化妆品就确保了二点二个亿。这两类产品使用了两千六百五十名雇员，而服装部门的员工则只有三百四十二人。皮埃尔·贝尔热想要多样化，并且要干得漂亮。他依然与皮尔·卡丹进行着战争。他扬言："我们既不卖通心粉，也不像卡丹那样出售巧克力！"

然而，为了对抗"卡丹空间"，他试图收购对面的豪华餐馆"丽多茵"（Ledoyen），却因一个程序上的错误而失败。但是他没有气馁。他绕着"威登"（Vuitton）转来转去。皮具，为什么不呢？他梦想让圣洛朗的品牌成为全球第一的奢侈品集团。但他未能如愿。实现这一目标的是贝尔纳·阿诺特（Bernard Arnault），他控制了 1987 年成立的"酩悦·轩尼诗-路易·威登"集团（LVMH）①。这在皮埃尔·贝尔热心中留下了永远的隐痛。他的这种过激主义周期性发作。1998 年，他还在设立于蒙特蓬（Montpon）的鲟鱼养殖场"埃斯蒂多尔"（Estudor）中占有着百分之四

① 1987 年，贝尔纳·阿诺特将全球著名的皮件公司路易·威登（Louis Vuitton）与酒业家族酩悦·轩尼诗（Moët Hennessy），成立了 LVMH 集团，现旗下拥有五十多个品牌，是世界最大的奢侈品集团，主要业务包括以下五个领域：葡萄酒及烈酒、时装及皮革制品、香水及化妆品、钟表及珠宝、精品零售。

十九的股份，是法国主要的鱼子酱生产者之一！

为了给自己的购买提供资金，贝尔热不得不借债。1986年12月31日，卡洛·德·本尼戴蒂（Carlo de Benedetti）的法国持股公司、阿兰·曼克（Alain Minc）操纵的塞吕斯（Cerus）公司拥有了伊夫·圣洛朗公司三分之一的资本，其余三分之二仍为伊夫和皮埃尔所有。但这位勇士依然继续前进。经过两次改组之后，圣洛朗公司进入了证券交易所的二级市场。1989年7月6日，百分之十点三六的社会资本即四十万股份面向公众发售，其售价为原值的二百三十倍，达到了一亿零三百万法郎！

有必要说明的是，他们并没有为了引诱老顾客而在"事件的叙述"上大肆渲染。一个月之前，在6月4日，布隆尼亚尔宫（le palais Brongniart）被并入了贝聿铭金字塔（la pyramide de Pei）前的卢浮宫博物馆，目的是通过时尚、香槟和金融信息的混合来刺激所有那些了无生气的人。唯一的遗憾是大师没有到场，取而代之的是一幅巨大的立式照片。一名有学问的旁观者失望地嘀咕道："这就如同《札伊尔》（Zaïre）上演后法兰西喜剧院的演员给伏尔泰的半身像戴冠。"

不管怎样，圣洛朗股票上市后前六个月的行情是辉煌的，但到该年 12 月，这支股票的牌价开始猛跌。

因为对于皮埃尔和圣洛朗这一对来说，商情不再像以前那么好。原因有很多，其中一些与他们的行业有关，另一些则在于"贝尔热先生"。

和当初的兴盛得益于经济的上升一样，这些原因中还包括了经济的衰退。

1986 年，高级时装的销量锐减，销售额从五千一百万法郎降到了三千八百万法郎。自 1963 年以来这还是头一次。美元的贬值和使美国人远离巴黎的恐怖主义暴行①让人们找到了自我安慰的理由。然而老专家们不相信这一点。事实是街上的优雅变得极少。每周六的下午，巴黎人都穿着黑色短衬裤、拿着"矿翠"（Contrex）②在波布（Beau-bourg）③周围转悠。为了抵消这一现象的影响，皮埃尔·贝尔热四处奔走。他从其政治友谊尤其是与杰克·朗（Jack Lang）和弗朗索瓦·密特朗的友谊中获益，使他的得意门生得到了学界和媒体独一无二的认可。但这丝毫没有

---

① 上世纪八十年代中期，恐怖主义浪潮席卷巴黎。1986 年 9 月，恐怖主义活动达到高潮。在不到十个月内接连发生六起大规模恐怖主义爆炸案，造成六人死亡、一百六十一人受伤。

② 法国的一种高品质纯天然矿泉水。

③ 巴黎一地区名，1977 年那里修建了蓬皮杜艺术中心。

阻止生意的结构性衰落。在 1975 年还占据着世界奢侈品市场四分之三的法国到 1989 年只剩下了一半的市场份额。意大利人异军突起。1991 年 1 月，马尔索大道的獒犬①在《新观察家》上就其从此将照管的前景悲观的时装业一吐衷肠："在我看来，高级时装已无可救药了。"此言一出，激起了极大的反响。

同一年，圣洛朗公司的利润开始下降，股票也持续下跌。塞吕斯退出了公司。贝尔热不得不买回了前者的股份，依然是负债累累。他寻找着出路，也就是买家。1992 年 12 月 18 日，他向《新经济学家》透露道："是的，我正在商议出售伊夫·圣洛朗公司。"

卖给谁呢？巴黎传闻四起。12 月初，赛诺菲集团（Sanofi）主席让·弗朗索瓦·德赫克（Jean-François De-hecq）接见了皮埃尔·贝尔热。后者曾在拉切（Latché）的羊圈中受到了弗朗索瓦·密特朗的热情款待。1993 年 1 月 19 日，在乔治五世（Georges V）大酒店，已握有"罗渣格尔"（Roger et Gallet）、"梵克雅宝"（Van Cleef and Arpels）以及一半"尼娜·丽茜"（Nina Ricci）产权的埃

---

① 指皮埃尔·贝尔热，因其一触即怒的脾气而被作者称为"獒犬"。下文的"马尔索大道的拿破仑"和"法国时尚界的领军人物"等也都是指他。

尔夫-赛诺菲集团宣布吸收伊夫·圣洛朗公司。《世界报》从中看到了一种政治交易:"共和国总统的常客得到了受恩于爱丽舍宫(l'Elysée)的人的救助。人们看到,在选举期限届满的前夕,一个公共团体的主席洛伊克·勒·弗洛克-普里让(Loïk Le Floch-Prigent)先生使负债累累的奢侈品集团老板皮埃尔·贝尔热先生摆脱了困境。"

1993年5月18日,合并完成。或许是按照预先的约定,圣洛朗雇人发表了一个声明,提醒人们注意他为"创立一个能够在全世界代表法国的品牌"所做的一切,还有他的"毫不让步"的努力及这些努力所获得的国际认可。他还补充道:"今天,我很高兴伊夫·圣洛朗公司转入了埃尔夫-赛诺菲旗下,后者不仅是一个强大的集团,更是一个法国的集团,这正是我所希望的。我相信德赫克先生能够与我和皮埃尔·贝尔热一起继续我所进行的事业。"

YSL①得救了。按照《世界报》的说法,伊夫和皮埃尔每人将得到三亿法郎的税前财产增值,还不包括作为创作和销售顾问而获得的每年一千万法郎的特许权使用费。对于这种说法的真实性,他们的时装店未作表态。

---

① 1966年,圣洛朗开始以其姓名的首字母缩写"YSL"作为商品的品牌。

它有更重要的事情要做。1月，《解放报》以YSL的股票因交易而上涨了32%为借口，怀疑这两位伙伴滥用内幕进行证券交易非法牟利，进而指责这些"嗅觉灵敏的投机商"。6月，新的问题出现了。证券交易审议会确认，1992年夏，就在引起证券暴跌的半年度亏损公布之前，圣洛朗公司的很大一部分股票在瑞士被市场外出让了，其总额达到了一亿法郎。6月17日，《费加罗报》认定皮埃尔·贝尔热是此笔交易的始作俑者。在这两个看似不太可能又相互矛盾的事件中，后一个于1994年5月被提上了法庭。1995年10月，贝尔热获得了不予起诉的裁决。

在此期间，时装业不再信任他，也可能是因它难以忍受的霸权而在报复他。从1993年2月4日起，贝尔热不再是时装业雇主联合会的主席。两个月后的4月4日，在一轮闹哄哄的投票之后，他甚至被逐出了这一机构。另一方面，他在巴黎歌剧院的院长位置也开始动摇。此外，自1992年以来，他因其大嗓门、令其合作者们震惊的辞呈、各种各样的缺点等一切而备受人们的争议，尤其是因为在塞维利亚（Séville）的一次演出时因设备缺陷而意外发生的死亡事故。为此，贝尔热还被送上了法庭。

他对此并不在乎。正是在这场风波中"马尔索大道的拿破仑（Napoléon）"表现出了他的脾气。他毫不退让，他大喊大叫，他辱骂诽谤中伤他的人，并把他们中的女性称做"不懂事的小丫头"。

贝尔热变得比以往任何时候都更为粗暴。他一向粗暴，特别是在他认为伊夫受到威胁或只是批评的时候。年长者会记得伦敦的第一家"左岸"时装店，玛格丽特（Margaret）公主曾为它剪彩。那天，伊夫被清一色穿着裤装的模特儿们围绕。英国电视台的名记者自认为风趣地问道："但是，先生，这些真的是女人吗？"

全部的回答只有一个字："滚！""法国时尚界的领军人物"抓着他的衣领把他扔了出去。

后来，当他觉得记者证太令他讨厌时，他就把它们全都挡在了时装展示会的门外。他的一位朋友、影响很大的《女装日刊》的老板约翰·菲尔查尔德（John Fairchild）就这样远离了圣洛朗的系列时装两个季度。另一次是发生在巴黎的报纸上，"法国高雅职业记者协会"对"这种有意识的排斥"提出了极为强烈的抗议。贝尔热毫不理会。重要的只有他自己的旨意以及伊夫的意愿。

在 1993 年的表面溃退中，他通过推出一款新的香水"香槟"而发起了反攻，丝毫不把新闻界放在眼里。他在其中寻找着一场新的争斗，或许也是在寻求一种消遣。"香槟"香水的故事值得一提，它暴露出了贝尔热的性格，极其固执而又具有现实观念。

1983 年"巴黎"香水问世以后，经过一段长时间的争讼，法国化妆品业联合会（Fédération de la parfumerie）迫使贝尔热在他的香水瓶上加上了 YSL 的字样，因为根据法国的法律，任何商品都不能占用城市的名字作为自己的商标。这给他造成了开支，但更为他带来了声誉以及由此而来的收入。他把"香槟"香水作为与埃尔夫-赛诺菲联姻时送给后者的礼物，希望以此来使经营焕发新生，因为"鸦片"和"巴黎"的销售已开始下降。

于是伊夫向新闻界隆重推介了这一产品："这是一款香水，但又不只如此。它首先是一种概念，是为庆祝令人高兴之事的香水。"

这是很正常的，因为它的名字就叫做"香槟"。但是香槟酒工会联合会对此不以为然。该商标并不比"巴黎"容易注册。这一在少数法学家看来极其明显之事于 1984 年为判例所证实。那一年，"塞塔"（Seita）公司因制造"香槟"牌火柴而获罪①。

1993 年 6 月 7 日，在经历了一个躁动不安的春天之后，圣洛朗又被带上了法庭。皮埃尔·贝尔热称之为"一个时代的终结"和"紫色的阴影"。他在政界的朋友们挽救了他。7 月 2 日，他宣布自己被任命为联合国教育科学文化组织的"慈善大使"。在"香槟"香水继续销售期间，律师要做的只是拖延该案的诉讼进程。然而好景不长。1993 年 10 月 28 日，巴黎大审法院作出判决，禁止圣洛朗以"香槟"的名字销售他的香水。该判决于 12 月 15 日得到了上诉法院裁定的确认。这一裁决在法国和"香槟"的名称受到保护的其他国家，尤其是在德国和瑞士，产生了深远的影响。

有些人认为法庭作出如此迅速的处理是受到了 LVMH 的老板贝尔纳·阿诺特的操纵。这是对法官的侮辱和对法律的蔑视。贝尔热将圣洛朗拖入了一项徒有危险的行动之中。"深受打击"的时装设计师没有为其香水取新的名字，只是让它加上了 YSL 的商标。但这并未阻止他在三个月内卖出了三十五万瓶香水，营业额达到了两亿法郎。"马尔索

① 1984 年 3 月 5 日，巴黎地区法院曾判决禁止烟草制品商塞塔公司使用"香槟"作为它生产的香烟和火柴的原产地名称。

大道的拿破仑"嗅觉依然灵敏。

　　然而埃尔夫-赛诺菲的股东们并不欣赏贝尔热那易怒的街头卖艺者的行为举止及他在时装业方面的损失。渐渐地，圣洛朗公司成为了他们手中的一只烫山芋。幸好皮埃尔·贝尔热足智多谋。他首先让自己为人们所忽略，随后突然在政治上作出惊人的转变并获得了成功：曾被认为是弗朗索瓦·密特朗至交密友的他、曾在1988年通过其月刊《环球》（Globe）强烈拥护密特朗后又从密特朗的帮助中获益良多的他，却在1995年的法国大选中支持了雅克·希拉克。在这之前，他刻意表明了"皮埃尔和圣洛朗并非左派"。不止一个人为此而恼怒。克洛德·阿莱格尔（Claude Allègre）当时还未担任法国教育部长，但他已经喜欢说重话。他在《世界报》上写道："皮埃尔·贝尔热代表了法国人不愿再见到的那类吃鱼子酱的左派人士。"

　　他还怀疑贝尔热是一个阿谀逢迎和唯利是图的人。后者再次受到了他人的嘲笑。在为圣洛朗公司找到新的东家之前，贝尔热的转变为他在赛诺菲赢得了数年的安宁。

　　1998年秋，巴黎传言赛诺菲将为贝尔纳·阿诺特领导的LVMH的利益而抛弃圣洛朗公司，抛弃它的服装和香水。皮埃尔·贝尔热任由传言散布。在此期间，他正与贝尔纳·阿诺特的重要竞争者弗朗索瓦·皮诺特（François Pinault）及其"巴黎春天"（Pinault-Printemps-La Redoute）集团商谈收购事宜。困难在于："巴黎春天"控制了打算接手圣洛朗公司的古奇（Gucci）。但是皮埃尔·贝尔热无法容忍古奇的经理们，特别是新来的服装设计师汤姆·福特（Tom Ford），插手他或者伊夫的事务。马尔索大道尤其被声明为不可接触的领地。因此他中止了谈判。他没有提出任何要求，连一个子儿都没要。他说道："我一生的唯一目标就是保护伊夫·圣洛朗公司的完整、自治和独立。"

协议终于达成。古奇重新控制了圣洛朗公司的香水和门店，但高级时装部分将作为弗朗索瓦·皮诺特的个人控股公司阿尔泰米斯（Artémis）的直属产业，仍由皮埃尔·贝尔热掌管。该消息于1999年3月19日被公布。贝尔纳·阿诺特为之苦笑。没有提出金钱要求的皮埃尔·贝尔热志得意满。他保住了由合同保障的订货，还为伊夫和他自己获得了六千八百八十万欧元作为圣洛朗商标知识产权的转让费。此外，YSL香水保证到2016年为止，每年向伊夫和皮埃尔共有的伯利斯咨询公司（Berlys Conseil）交纳四百万欧元，即总额可能达到六千四百万欧元。这不坏。

摆脱金钱上的一切忧虑后，皮埃尔·贝尔热终于能够投身于积极的政治活动了。作为"《人道报》之友"（Amis de l'Humanité）的一员，他与法国共产党总书记罗贝尔·于（Robert Hue）交往甚密，后者支持他在巴黎竞选。同时，他还以社会对话的名义发起了关于每周三十五小时工作制的谈判，成为高级时装界在此方面的第一人。

他可以毫无痛苦地那么做：身后之事与他何干！1998年，在伊夫职业生涯四十周年的纪念时装系列发布之际，皮埃尔再次表示，时装业已经无望，只要伊夫愿意，他随时可能终止这一职业。另外，皮埃尔与汤姆·福特不睦，一会儿指责他平庸地模仿圣洛朗，一会儿又控诉他对圣洛朗不忠。伊夫认为成衣的新式样贫乏、香水的广告也平淡无奇。很快，这对伙伴经受、随后又进行了一场神经战①。他们拒绝出席圣洛朗左岸时装店的展出以示支持竞争者的服装系列。他们还与贝尔纳·阿诺特秘密会晤。这一切的结果和可能的目的是打击古奇和消磨皮诺特的耐心，以使他们最终离开圣洛朗时装店，除非圣洛朗的名字能够重新出现在高级时装上面。这在2002年1月7日成为了事实。

---

① 一种心理战术，通过广播宣传、利用特务或中立途径散布谣言或者在其他方面造成敌方思想混乱、犹豫不决，从而瓦解敌方士气。

在报上发表的一个关于高级服装的令人心碎的审慎声明中，伊夫·圣洛朗告别了时装业，身后留下了一个整洁空旷的地方。那一刻，时装业向伊夫鞠躬致敬，而金融业则在悄悄地鼓掌欢迎皮埃尔。

管家①、陪媪②、狡猾的中间人、手段高明的经纪人，四十多年来，贝尔热一直是圣洛朗的金泵，是他忠诚而可贵的财政总管③。为此圣洛朗对他满怀谢意："他做了我绝不可能做到的事：商业。他从不向我提出关于费用的问题。这样的艺术指导是其他设计师都想要拥有的。"

圣洛朗不必经手生意上的事情，他只需与他的朋友分享时装业和文化的小蛋糕以及政治的鱼子酱。他不接触商业，但他是产生前述商业的"左岸"的核心。他和皮埃尔赖以发迹的"左岸"是他们共同的群落生境、他们的圣经和他们的生活方式。

然而却存在这样一个问题：伊夫在皮埃尔的棋盘和难题中占据着何种地位？就算再没有注重实际的精神，人们也不会无视一切。或许他是一位宽容而感恩的太阳王。克

---

① 原文为"雅克帅傅"（Maître Jacsques），是莫里哀喜剧《悭吝人》中身兼厨师和马车夫的人物。

② 西班牙等国旧时雇来监督少女、少妇的年长妇人。

③ 原文为富凯（Fouquet），是路易十四的财政大臣。

莱蒙梭（Clemenceau）说他的办公室主任曼德尔（Mandel）是一个很会默默代人受过的人："当我放屁时，发出臭味的却是他。"

皮埃尔·贝尔热也许不会拒绝这种对工作的分担。没有桑丘·潘沙（Sancho Pança）就没有堂·吉诃德（Don Quichotte）①。

---

① 堂·吉诃德和桑丘·潘沙是塞万提斯小说《堂·吉诃德》中的两个主要人物。这对主仆一瘦一胖，一个勇敢一个胆小，一个理想化一个讲求实际，一个学识渊博一个目不识丁，表面上看来完全不协调，实际上许多地方却可巧妙互补。因此许多评论者认为，将堂·吉诃德和桑丘·潘沙结合起来，才算是这部小说的真正主角。

第二章

从美学到社会

4. 幽灵的乳汁

瞧瞧伊夫的相片：不论是端庄还是急切，他好像都在探索未来。占据整张脸的眼睛，水汪汪的、炭黑色的，或者温柔、或者冷酷，它们统治着空间，透过逝去的时光，远眺或俯视着对面的事物。因此，这位预言者将通过在其裙装的屏幕上投映呈现于他目光下的时代的样式而改变时尚。然而，他也会在其中加入驱动其灵魂的故事和影像，这是他文化积淀的固有笔触。他在其告别职业生涯的讲话中说到了这一点："人人都需要审美幽灵来生活。我曾寻求、探索、追逐过它们。现在我所告别的也正是这些审美幽灵。我从小便认识了它们，正是为了重新找到它们我才选择了这一令人赞叹的职业。"

这些审美幽灵是他自幼接受的知识和情感的总和。它们鼓舞着他的童年，抚慰着他的青春和他对美丑的观念所最早运用于的对象。他在十二岁时喜欢上的考克多的《双头鹰之死》和《飘》中的人物郝思嘉，这些伴随着他的整个人生。而当十四岁的他用水彩画给《包法利夫人》加插图时，他还没有料到，在这种庇护下，自己会永远沉湎于一种神经质的内省、一种不被人理解而被视为异类的不幸的喜悦和一种令他醉心于普鲁斯特作品或维斯康蒂（Visconti）电影的枯竭的唯美主义之中。然而审美幽灵有时会存在于具体化之前。对《被诅咒的人》（*Damnés*）和《魂断威尼斯》（*Mort à Venise*）①的崇拜、对色彩的喜好、式样的乐曲、布料的魔力，一切都诞生于那个奥兰的夜晚。

然而，十四岁过后，伊夫必须与他的审美幽灵和解。他每天都需要生活。时而这些审美幽灵有吞噬他的危险，时而他又可能忽略它们、遏制它们、或者更坏——糟踏它们。圣洛朗的命运之舟在这些暗礁之间痛苦航行，这种痛苦因皮埃尔·贝尔热的掌舵而更为加剧。

在法国，人们把这些审美幽灵称做文化。文化历来是一项重大的学术和社会事务，而在伊夫和皮埃尔的时代，它还开始在政治领域发挥出重要的影响。在上世纪四五十年代，人文科学仍然构成了学业的基础。当圣洛朗带着他

————————

① 这两部电影都是维斯康蒂的作品。

的第一套时装"通过了他那光荣的业士学位考试"时，新闻记者们自然而然地会向他提出一大堆问题以检验他的学术水平，就像他们对所有名门世家的年轻人所做的那样。作为爱好艺术的中学生的他心甘情愿地任由他们摆布。在加菲奥（Gaffiot）及拉加尔德和米夏尔（Lagarde et Michard）的监视下，他那些可怕的幽灵仿佛突然在奥尔唐斯（Hortense）婶婶的客厅里老实地喝起了茶。献给未来大师的第一批文章仔细记录了他的文学爱好，纪德（Gide）、阿努伊（Anouilh）和格林（Green）的戏剧，还有普鲁斯特的作品："尤其令我感兴趣的是维尔迪兰（Verdurin）夫人家的晚会，因为我喜欢普鲁斯特作品中那略加描述的细节以及我们对一种已消失环境的完整重建。人们把手肘搁在桌子上的方式、他们端杯子的样子……那种气氛比人物的心理更具价值。"

这带来了一个美好的十四岁。还有什么呢？他喜欢比费、马蒂斯（Matisse）、巴赫（Bach）和狗。人们没有忘记让"这位时装业的新星"回答著名的"普鲁斯特问卷"①。他得意地作出了回答，同时也没有忘了表现出对竞争者的恭敬的讽刺："我热爱我的时代，热爱耶耶音乐②和服装店。夏奈尔转了一圈又回到了起点。她的女装就像路易十四（Louis ⅩⅣ）的服装一样，是一部令人赞叹的文献。"

伊夫退场。他亲切地微笑着，然后退下去工作或读书。皮埃尔登场，也就是那个从 1961 年起便在这对伴侣中扮演着领导角色的贝尔热。在这位对艺术和文学略知一二的有闲者和知识分子的眼中，保留着一种古老的魔力。文化将真正的艺术家与暴发户区别开来，对此他一直深信不疑："如今想要出名和做生意的旧衣商或香水商都自称为文学或艺术事业的资助者。他们这么做就好比母鸡剔牙，异想天开。当我看到一个赞助高更（Gauguin）画展的皮件商时，我看不出这里面有他什么事，除非高更具有坚硬的皮。"

皮埃尔与伊夫共同培养着一种对于书籍的确实的兴趣。此外他的进攻性和抨击性文章写得不错。在那个关注于有

---

① 该问卷由一系列问题组成，问题包括被提问者的生活、思想、价值观及人生经验等。因著作《追忆逝水年华》而闻名的普鲁斯特并不是这份问卷的发明者，但这份问卷因为他特别的答案而出名，并在当年时髦的巴黎沙龙中颇为流行。因此后人将这份问卷命名为"普鲁斯特问卷"。
② 二十世纪六十年代在美国青年中流行的一种音乐。

政治倾向的文学的时代，他曾在自己创办的左派报纸《世界祖国》（*La Patrie mondiale*）上发表过一些关于画家和作家的小论文。晚年，他或真或假地表达了这种遗憾："我改变了自己的命运。我生来应该是政治家或者作家，但生活将我带到了别处。"

伊夫设想着他所喜爱的作品的节奏，而皮埃尔却是一个刻苦钻研的自学者。他几乎是按照字母顺序开出了自己的阅读书目、关注的艺术作品列表和会见的要人名单，并且不停地吞食着这一切。然而，文化在他那里并非一种简单的借口，也不是一种单纯的智力或社会的标记。他也喜爱文化本身。只是，他对文化的喜爱过于贪婪，而且还有点依赖：这位他所深爱的"情妇"必须给他带来回报。他通过其应酬和活动为"造就"贝尔纳·比费出了很多力，也从中获取了合埋的利益。这同样是和圣洛朗一起做的。

他完全开发了这一被伊夫视为其审美幽灵之女的文化，使之成为了圣洛朗的重要牵挂，也许还成为了他的主要武器。谈话中、灵感中、公众和个人的行动中，文化无处不在。圣洛朗和贝尔热这对伙伴首先正是从文化的顶端来打量右岸的那些野蛮人，也正是在文化这一基石上圣洛朗建立起了他的帝国。

左岸的岬角！混杂的地方！首先，就像它的名字所指出的，它可以说是立于右岸那沉重而笨拙的蒙昧主义面前的进步和智慧的堡垒。自中世纪以来，那里也是教士、学生和教师们的居住区。他们通过一连串的行话使自己与巴黎的资产阶级区别开来，并以攻击夜间巡逻队为乐。最后它还是旧时的圣日尔曼（Saint-Germain）区，那里的贵族在王朝复辟以后仍处境艰难。所有这些在一种对卓越的总体要求下相结合，伴以对金钱和战争力量的含糊的轻蔑和明确的鄙视。不领导国家的人总是对国家抱有巨大的怀疑。一句话，左岸便是具有贵族气息的巴黎。

当这对伙伴摆出左岸的架势，当他们说出文化这个词时，人们决不知道他们是否在试图传递他们喜欢的东西，也不知道他们是否在进行一项商业活动。实际上，他们中的任何一人都很少在没有另一人的情况下行动。他们展示着、上演着一种真正的爱情。

皮埃尔·贝尔热和伊夫·圣洛朗就这样支持着协和广场纪念碑的修复，花一大笔钱让拉图尔（Latour）的一幅画留在法国，向国家美术馆捐赠一百五十万欧元以修补十七世纪的法国绘画，拯救叶卡捷琳娜二世的服装，出钱翻新并维护波布现代艺术博物馆（musée d'Art moderne de Beau-bourg）的历史厅堂……诸如此类的事情还有很多。

他们同样热衷于布置他们的寓所。随着金钱的支出，他们在家中积聚起了真正的藏品。这主要是皮埃尔的主意。起初，伊夫喜欢在自己周围聚集一些微不足道的东西，诸如某些以体积或触感吸引他的物件、经常被放在矮桌上的次等宝石、直接置于地面的隔板上的书籍。他曾公开表示："我不喜欢收藏者的精神，那是物体的死亡。"

但皮埃尔却是一个规规矩矩的巴黎人。为了取悦伊夫，他阅读了普鲁斯特的作品。他学会了在置备家具时兼顾时尚与经典。他努力使带有制作者签名的五斗橱和古代的陶瓷相融合。他熟悉最好的室内装饰家。他在多维尔（Deauville）附近买下的加布里埃尔（Gabriel）城堡的巨大客厅就像是"美好岁月"（Belle Epoque）① 的一个雅致套间。其位于巴比伦（Babylone）街的沙龙则似乎是在宣扬黑人艺术、装饰艺术和大批二十世纪的法国艺术大师，如毕加索、布拉克（Braque）、马蒂斯、费尔南·莱热（Fernand Léger）。在晚年，伊夫伤感地自嘲道："我孤零零地和我的

---

① 指十九世纪末二十世纪初。当时，法国已从几次战争中恢复了元气，而工业革命带来的经济发展，也使社会一派繁荣。1889 年，巴黎举办了世界博览会，埃菲尔铁塔成为巴黎至高无上的象征。

书画在一起，马蒂斯、塞尚（Cézanne）、毕加索、布拉克。不幸的是我再也不能买任何东西了，因为我的房间已经塞满了画布、雕塑和物件。我发现自己仿佛置身于一个博物馆中，孤身一人。"

或许是他的审美幽灵来把他拉进了他那宽敞无人的房间。

不管怎样，我们都在他的"梦想办公室"中找到了他们密切联系的痕迹。那个办公室是他于1987年让雅克·格朗日（Jacques Grange）布置的，位于马尔索大道。他们在那里留下的废弃物并不太难辨认。大块水晶制成的分枝吊灯映照出看似随意放在书上的麦束：这是大师的两件吉祥物。书桌上有一束百合，墙上有一个1962年从阿尔及利亚带回来的三叶状十字架：这两样也是吉祥物。墙上还有几幅克里斯蒂安·贝拉尔为路易·茹韦画的水彩画和一幅引人注目的巨大的肖像画，画中人物据说是伊夫的父系祖先之一、被他的母亲和妹妹称做"那个大卫"（le David）的莫维埃尔（Mauvières）男爵。至于这间办公室本身则属于他的父亲。

因此，这一其梦想的圣地绝对是他的家传并且与他的童年相连。它表现出奥兰的特色。那是他文化的最初部分，是情、感、欲的部分。在这间书房内发现一张西尔瓦娜·曼加诺（Silvana Mangano）的照片并不令人惊讶。这证明，尽管影响伊夫的女演员很多，如凯瑟琳·德纳芙、玛琳·黛德丽（Marlene Dietrich）、丽塔·海沃斯（Rita Hayworth），但处于其感觉最深层的却是西尔瓦娜·曼加诺。这是一个肥沃的灵魂。伊夫在德·桑蒂斯（De Santis）的《粒粒皆辛苦》（*Riz amer*）中发现了她，在帕索里尼（Pasolini）的《定理》（*Théorème*）和维斯康蒂的《魂断威尼斯》中追随着她。那是意大利电影的三个时刻，战后的重建、二十世纪七十年代的分裂、给人无穷回味的没落，也是其生命的三个时刻。

伊夫·圣洛朗的另一大偶像是卡拉斯，她和西尔瓦娜·曼加诺一样性感，但却比后者更具悲剧色彩、更为令人挂念。她演唱了他星期天下午在市立歌剧院和母亲一起欣赏并为之赞叹的全部歌剧曲目，而且唱得更好，堪称卓越。和她在一起，他就依然是那个"白皮肤的奥兰人"（他的另一个绰号）、敏感而年轻的花花公子和某日被一种无与伦比的声音迷惑的艺术家。她体现着希腊和地中海的所有神秘。她是其灵感的重要来源之一。当她在巴黎演出时，他每晚都去听她演唱。1977 年 9 月 18 日，在她去世后两天，他在《世界报》上为她发表了下面这篇文章：

　　突然间，一个声音从深处响起，它剧烈、低沉、尖锐、刺耳、超乎自然、古怪异样，正试图与死亡作斗争。这种令人惊叹的精灵般的声音奇怪、有缺陷、吃音，带有令人窒息的惊人迸发、颤音、练声、阵热、尖声以及迸发为闪电、洪水和性欲高潮的不适，仿佛冲出海洋世界的勇敢的美人鱼，它的魅力令闻者在其转调和回声的暗礁上碎成浪花。

　　她是歌唱家中的歌唱家、是皇后、是女王、是女神、是女巫、是魔法师，她对工作一丝不苟，总之她是神圣的。她卓尔不群，令人神魂颠倒、血脉贲张，歌声犹如夜莺和斑鸠。她像只巨大的孤鹰般穿越了这个世纪，其展开的翅膀使我们永远看不到她身后的女歌唱家。

　　光辉的彩虹、尼亚加拉（Niagara）的瀑布、海底的微风、从无底坑洞到地狱煅炉的深渊、晶莹的小瀑布、清晨的微风中展开的纱巾、地球的深处、人身牛头怪的脏腑、源源不断的蜂蜜及令人深陷其中、忘却乃至迷失自我的沼泽和沙漠。你用线、缠、结、带编织了一张长长的蛛网，这张网缠住了我们。你是杜丝（Duse）和玛莉布兰（Malibran）的幽灵，披着蕾切尔（Rachel）的长袍，被莎拉·伯恩哈特（Sarah Bernhardt）难住，尽管害怕仍首当其冲，如红宝石般纯净。内雷伊德（Néréide）、莫尔加娜（Morgane）、阿尔米德（Armide）、梅尔波梅娜（Melpomène），都是些丑陋而庸俗的女戏子。你扩展了你臂膀的魔力圈，许多人为你舍生忘死。你歌唱，而我们却不知道这种极度繁荣掩盖着灾难。一切都消失、翻倒、死于爱情。一切都即将死亡。你像是施了魔法的丝线，虚幻、朦胧，希望让我们相信你的脆弱。你滑动，那是为了起飞，火箭、焰火、高炉里炽热的炭火。你悲剧的沉重外套比蜻蜓的翅膀更轻。你翱翔、你跳跃、你奔驰，你到达了未经勘测的高度，若无其事地轻轻越过了无人登顶的山峰，为的是跑得更高、更远、深入行星和恒星的永恒的系统。

　　你不再歌唱，但你将永远存在。你的声音在

礁石上碎成了浪花。你走了，永远地消失了。

　　皮埃尔认为他朋友的文笔"有点儿抒情"，然而当俄罗斯芭蕾系列时装在那位著名女歌唱家的声音中摇曳展出时，他的眼中噙满了泪水。

　　后来他经常如此，因为伊夫·圣洛朗的特点之一便是在其审美幽灵的注视下，用他所喜欢的各种作品来灌溉音乐、书籍、电影、戏剧或者绘画，他自己的创作不算在内。皮埃尔热烈地追随着这一切，就像一个多情的书记员。他过多地参照绘画、音乐或文学来描述圣洛朗的时装展，以至于人们对他的这些描述感到恶心，但他却拥有想吃就吃的好食者那难以置信的健康。

　　这一时期，伊夫在其镶衬着莫列顿呢纱的象牙塔里安静地汲取着他慈爱的泉水。一名新闻记者问他如何选择色彩，他回答："我听一首莫扎特的交响曲并沉思。"

　　其他人也为他提供了形式和思想。普鲁斯特、考克多、莎士比亚和比才都是他的宠儿。画家们更是向他发出了命令："时装业就是让女人身上静态的东西动起来。"

　　1965年7月，"蒙德里安"（Mondrian）时装展示会举行，发布了十条镶有红色、黄色和蓝色方格的黑色直筒裙。

荷兰人①创造的抽象几何图形被用来包裹女性的身体。这一新构思就像哥伦布的鸡蛋②一样简单，而且几乎同样具有重大影响。顾客们激动不已，销售量急剧上升，摄影师心醉神迷，各报记者纷纷把它登上了头版。可以说，蒙德里安系列时装经过永恒之门走出了一时的流行：凯瑟琳·德纳芙在二十年后仍穿着它。在1979年7月的时装展示会上，圣洛朗通过再现一套蒙德里安女装开玩笑地向自己表示敬意。他评论道："蒙德里安是纯粹，酷似包豪斯（Bauhaus）的纯粹。二十世纪的代表作便是蒙德里安。"

圣洛朗找到了自己的风格。从此他的任何时装都或多或少地参考了他所喜爱的画家的作品。受到评论最多的或许是"立体派"（Cubiste）系列。1988年1月，《纽约时报》（*New York Times*）发表文章，题为"圣洛朗的成功在于时尚与艺术的结合"。

圣洛朗主要从布拉克那里获得了灵感，尤其是在坏布

---

① 指荷兰画家蒙德里安，正是他的几何彩色图案为圣洛朗提供了设计灵感，创作了"蒙德里安"系列时装。

② 哥伦布发现美洲后，成了西班牙人民心目中的英雄。但许多贵族对此却表现得颇为不屑，认为任何人只要坐上船航行，都会到达那片陆地。在一次宴会上，哥伦布又听见有人在讥笑他，于是他拿起一个鸡蛋，问谁能把鸡蛋竖立在桌子上。没有人能够成功。最后鸡蛋回到了哥伦布的手上，他把鸡蛋的一头在桌上轻轻一敲，敲破了一点壳，鸡蛋就稳稳地直立在桌上了。后来人们以"哥伦布的鸡蛋"喻事情虽简单，但要动脑筋。

披肩上绣上了他那些立体派小提琴。但他更从梵·高（Van Gogh）的作品中得到了启示。1987 年 11 月 11 日，梵·高的《鸢尾花》（*Les Iris*）在索斯比拍卖行（Sotheby's）以五千三百九十万美元的高价售出（"世界上最贵的画"），圣洛朗借此机会设计了两件上衣，一件画有《鸢尾花》，另一件画有《向日葵》。这两件上衣无疑也是世界上最为昂贵的：价格分别为五十万法郎和四十五万法郎。

还有几次他更是颇费心机。以 1980 年冬季时装展示会为例，既然是要让艺术作品动起来，为什么不请舞蹈来帮助绘画呢？这就是圣洛朗与不朽的编舞者迪亚吉列夫（Diaghilev）合作对毕加索的作品进行的处理。他以 1917 年俄罗斯芭蕾舞团在夏特莱剧院（Châtelet）上演的独幕芭蕾舞剧《游行》（*Parade*）为蓝本，剧中人物穿着毕加索设计的服装。

"我在国立图书馆看到了迪亚吉列夫方案的展示。（……）我的时装系列被编成了一出芭蕾舞剧。我对毕加索、略微温和的立体派和意大利喜剧中的丑角加以渲染，蓝色时期、粉红色时期①、《三角帽》时期②。灵感降临的时刻是神奇的。不再有疑虑，朝前冲，体验一种无限的欢乐！"

这种对艺术混合或综合的爱好以及对世界大战前后十年的迷恋必然要在给阿波里奈尔（Apollinaire）的献礼中得以表现。这名 1918 年死于西班牙流感的炮兵③大诗人其实是第一位知识和艺术激荡的理论家，他从蒙帕纳斯放射出的光芒照亮了两次大战之间的世界。对于"白皮肤的奥兰人"来说，这种既是世界的又是巴黎的迸发一直是绝对的文化参照。2001 年 7 月 12 日，圣洛朗举行了最后一次时装展示会，此次展示会名为"极度非常"（Tout terriblement），这两个词均取自阿波里奈尔的一首诗。圣洛朗以这两个词概括了自己的事业和生活。极度非常：一位过分敏感者向另一位过分敏感者的敬礼。

在这两种个性的相遇之外，圣洛朗对那个时代的赞美

---

① 史学界把毕加索的早期作品分为蓝色时期和粉红色时期。蓝色时期的大部分作品都是表现忧郁、阴冷的蓝色系。粉红色时期的作品主要使用了暖色调的粉红色系，主题大多是马戏团里的杂技演员和小丑。

② 1920 年，毕加索创作了版画《三角帽》。这组作品是为迪亚吉列夫的民间芭蕾舞剧《三角帽》创作的舞台布景图，被视为毕加索最为成功的装饰作品，其中包括二十六张服装图和六张装饰细节图。所画服装是为芭蕾舞团设计的演出服。场景和服饰隐约可见毕加索立体派时期的艺术元素。

③ 阿波里奈尔曾在第一次世界大战期间从军担任炮兵。

所具有的政治意义不亚于其在美学上的意义。毕加索、迪亚吉列夫与其他人一起为摧毁在他们之前被他们认为刻板的事物作出了贡献，同时也摧毁了他们反对或违抗的社会的繁文缛节。公众并不总是追随他们。例如，《游行》就曾被叫骂为"鸦片鬼！逃兵！"。

伊夫·圣洛朗具有同样的破坏欲。在上世纪六十年代的法国，文化依然由被人们依自己的心境称为传统或学院式的知识和社会准则构成。同时，文化还是科研工作的场所，从事研究的人通常倾向于左派，但更多的则是这方面的精英。那是玄奥哲学、字母派诗歌①、难以听见的音乐、芬兰语字幕和保加利亚语配音相结合的艺术实验影院的顶点。各类文艺社团以革命的或无产阶级的超学院派名义攻击着资产阶级的学院派。

政界的友谊和花花公子的成长经历可能会将圣洛朗引向这些罪恶的欲念，然而对纯朴的怀念和对街头艺术的兴趣保护着他。与追求标新立异的先锋派相反，他宣布独特、例外的作品风格已经过时。他想要向每位女性打开时尚之门。他发现了流行艺术②的创造者安迪·沃霍尔（Andy

---

① 法国现代诗歌流派，玩弄所谓字母的音乐性，反对诗歌有思想内容。
② 一种现代艺术流派，如在雕塑中嵌入实物，在油画中借用广告画等。

Warhol）并与其建立了友谊。流行艺术是通俗的艺术，是面向大众的艺术：它是美丽或唯美主义的某一部分，适合于所有人。它还是最平凡的美丽，是一切事物和所有人的美丽，每个人都能够理解它。圣洛朗狂热地迷恋着这种艺术形式："如果说我曾受到某种影响的话，那就是美国流行画家的影响：穿着黑色丝袜的双腿、极高的高跟鞋，我在安迪·沃霍尔的半裸美女画上发现并爱上了它们。这不高雅吗？当然！我觉得很吸引人。"

很快，超市出售的 T 恤衫印上了瓦萨雷里（Vasarely）的画。反文化和亚文化在地下酒吧、校园和沙龙中发展，"滚石"（Stones）和"披头士"歌唱毒品，流行摇滚歌剧《头发》（Hair）的演员们一丝不挂。这就是上世纪六十年代。依安迪·沃霍尔那样的文雅说法是"混乱"，戴高乐将军喜欢用"渣滓"这个词，圣洛朗则带着几分微笑和一种缓缓颠覆的意图称之为"街头化"，其实就是指时尚。还是在 1980 年冬季时装展示会上，模特儿穆尼娅（Mounia）以新娘的形象出现，穿着一件绝美的黑色吸烟装，挽着一位身穿闪亮粉红色服装的斗牛士。这一形象十分耀眼，观众为之尖叫疯狂。审美、社会和性方面的所有习俗都被颠覆。当人们读过葛兰西（Gramsci）的作品后，文化就变得极其灵验了。

从1965年至1975年，文化无所不能，该词拥有了人们认为有用而赋予它的一切含义。皮埃尔和伊夫的世界经历了特里索坦（Trissotin）和毕比·弗里科坦（Bibi Fricotin）的连续碰撞。最初的布波族①自以为是伽弗洛什（Gavroche）和安蒂戈妮（Antigone）的后代。圣洛朗方面，他糅合了"流行时尚和剖腹自杀的风格"。一切的媾合。

唉！杂种命中注定要受其父母的对立关系之苦。随着年岁的老去，伊夫越来越依恋他青年时所珍爱的目录中的重要作品，并且还以某种方式依恋于他的老师们传输给他的美及其标准，然而大众却无情地远离了他。因此，违反惯例的他被其后继者指认为一个消失世界的废弃残留。自1978年起，蒂埃里·穆勒（Thierry Mugler）便在沃霍尔的月刊《采访》（Interview）中含沙射影地攻击他。穆勒寻找着他那广受争议的灵感，据我所知就是对那些人人不必学习就都明白的面向大众之物的冷漠，并从连环画中读出："不再有司汤达（Stendhal），不再有《卡迪斯少女》（Belle

---

① 布波（Bobo）一词由布尔乔亚（Bourgeois）和波西米亚（Bohemian）两词合并而成，意思是既赞成资本主义的布尔乔亚，又崇尚自由与解放的波西米亚。布波族指既拥有高学历、丰厚收入又讲究生活品位、注重心灵成长的一个人群。

de Cadix）或类似的东西。这里面不再有丝毫的艺术表现力。"

圣洛朗的审美幽灵渐渐从时尚中消失，就如同那些因不再有信徒而死去的神灵。只有伊夫还在他那空荡荡的房屋里、在他那些改变用途的藏品中向他们祈求哀告。

5. **太太学堂**

女装业过时了，人们对此无能为力。然而圣洛朗的同行却承认他拥有一种使他超然于这一无法逃避的"业"①的才能。他们把一种新人类的创造归功于他。"他创造了当代女性。"这一断言略显突兀，但是如果我们看看"之前"和"之后"妇女们的穿衣方式，我们就会像看到一则毛细管植入物的广告一样为之惊叹：这是真的。

这个来自外省、对生活一无所知的小年轻，这个受学院式文化熏陶的、幻想的设计师，他是如何做到这一点的呢？

答案就在于女性本身：是她们教会了他一切，是她们建议他修改服装以适应她们心怀并最终身受的生命的变化。

这并非没有困难和争议。对于女装设计师来说，女主

---

① 佛教用语，意为因果报应。

顾们总是有点儿麻烦，裁缝女工则更甚之。起初，她们经常指出他的不足，而且常常要反复讲好多遍。不屑于上剪裁课的伊夫对布料知之甚少。他一开始只是个制图员。他过于尊崇其老板的粗暴个性，这激起了夏奈尔的冷嘲热讽："迪奥？不过是些华而不实的无聊之作。"

其他人也不比夏奈尔仁慈。圣洛朗长期保持着这个缺点，甚至刚一确定地位就频频插足技术上的想法。为了使穿着者显得更加漂亮，他在其女装上配置了大件的首饰，但女工们咒骂这种做法，因为这样就必须重新给衣服加衬布："那些首饰的别针太重了。"

另外，伊夫专横的设计并非令所有人满意。1959 年，阿尔弗雷德·希区柯克（Alfred Hitchcock）喜欢的影星之一金·诺瓦克（Kim Novak）反对"凡士林管"系列时装。她宣称："我宁愿继续忠于自然也不要迪奥的服装。我喜欢简朴的裙子，它们遵循自然的线条，遵循自然赐予我们的曲线。"

年轻的时装设计师思索着。究竟什么才是女人的天性？很快，沉迷于时装业的他开始致力于改变人们对女性以及女性对她们自己的看法。他创造出了一种新的女性形象。

为了达到这一效果，他必须研究女人，研究她们的举止、她们的欲望、她们的形态以及她们存在和生活的方式。只有对女性了如指掌，圣洛朗才能够成为女性的独裁者。只有顺从女人的天性，他才能够支配她们。

万事开头难。这位设计师的要求既没有考虑衣服的材料也没有考虑模特儿的身体："他不希望有衣褶，也不想在背上装拉链。那样的裙子没法穿进去。"

还有几次，他的期望过高，但管理没有跟上。有些女性还激动地记得那条极轻极薄的裙子，她们穿着它就好像什么都没穿一样，而事实上，它的搭扣就在晚会中突然断裂。

比起纪梵希的那些"易于穿着的裙子"，当时的圣洛朗还相差很远。但他知道听取四起的传言："今天，没有谁的创作能够忽视夏奈尔的命令：自在、柔软、舒适。"

伊夫接受了这一信息。他准备进行他的哥白尼革命。出发点不应再是武断的设计图和"本身具有任意某种价值的抽象观念"，而应是女人和包裹她们的布料。他寻思着魔术师可可（Coco）①的做法，她如何剪裁、如何搭配，使得穿着其服装的女性感觉如此美妙，以至于忘了衣服的存在。

---

① 夏奈尔的小名。

他希望"了解全部的技艺"。由于不断地勤学苦练，他成为了一名举世无双的工匠。材料都听命于他，从此他通过手和眼知道了哪些材料适合于他想要创造的东西："重要的不是布料的漂亮，而是它的准确！"

从业之初，他赞同可可·夏奈尔的看法，后者曾对他说："女装不是建筑学，它是一座房屋：它的建成不是为了观赏，而是为了居住，必须让住在里面的女人感觉自己美丽而且舒适。"

大局已定。大师又在该主题上渲染了上百次："这么多年过后，我明白了一件女装中最重要的是穿着它的那个女人。"

以此为起点，在发现服装意义的同时，他还发现了穿着服装的女人："我突然意识到了女性的身体，我开始和女性对话并开始理解什么是现代女性。"

必不可少的经验：最后，正是女性通过她们与他之间保持的神秘关系创造了服装并决定了他的未来："我喜欢看模特儿在我衣服里的反应，看她赋予服装以生命的方式，或者，如果服装不佳，则看她的生命是如何拒绝它们的。一名好的模特儿能够领先时尚十年。"

他以纯洁无欲而又非冷漠的目光观察着女性。他只把她们当做梦想的催化剂、感觉的拖网、思想的萌芽和布料的支架，直到她们与他的服装结合并同时孕育出这些服装。正是在此刻圣洛朗即将发现一种天才的反论。为了让现代女性能够表现自我，能够在穿着的服装中感觉舒适，他要把她们打扮得像男人一样。他并不担心这会使她们变丑或者违背她们的天性，因为他出发的原则是："女人味存在于女性自身而非她们身穿的衣物。"

因此一个有女人味的女人即使穿着长裤也会散发出女性的特质！于是圣洛朗潜心研究裤装，这一时间激起了无休止的论战。在这一时期，滚石乐队唱道："这是个姑娘还是个小伙？是个长头发的小伙？还是个穿长裤的姑娘？这就是问题所在。"

这并不仅仅是一个审美上的问题。当时的欧洲遭遇了一场真正的身份危机。对此伊夫置若罔闻。在设计出此前男性专用的殖民地帆布剪裁而成的"非洲之旅式"撒哈拉短袖上衣之后，他又发明了高级时装中的吸烟装。这后来成为了他的标志，成为了一个时代的象征和一款不会过时的经典。吸烟装最初来源于一种直觉：夜晚，有些女人不愿再因她们的服饰而成为人们垂涎的对象，她们希望像男人一样自由行动和施展魅力，让男人感觉到他们自己的脆弱。这绝对是一种适合于勇敢女性的大胆的服装。

这还仅仅是面向少数人，但女式裤装却代表着一场大众的革命。抢手的"都市裤"促使他吐露了隐情："说到底是在厕所或妇科医生家之外的其他地方放松膝盖的权利。"

就这样圣洛朗开创了一种新的穿衣方式，这种方式很快获得了多数人的支持。因为他尽量让他的服装能被各种年龄和体型的人所穿着，这一点不同于其他服装，例如超短裙。为此他只需摒弃旧的优雅的概念，代之以魅力的概念："更确切地说是一种生活的方式而非穿着的方式。"

但是请注意，他不信任那些想把时尚转变为意识形态的女人。他拒绝否认女性或妨碍她们的魅力："一个穿长裤的女人只有当她带着她的全部女人味穿着它时才是迷人的，而不是像乔治·桑那样。长裤是一种雅致，是一种额外的妩媚，而并非平等或解放的标志。自由和平等不是用裤子换来的，那是一种精神状态。"

也正是通过具体观察"现代女性"的姿态和仪表，圣洛朗推动了穿衣的新方式。这并不仅限于裤装，他的裙装也是"来自某种姿态"，甚至在高级时装中也同样如此，而且尤为明显。只要他一发现这种姿态，他就会选择式样、颜色和布料。与波德莱尔相反，圣洛朗并不厌恶移动线条的运动。对他来说，线条和运动合而为一。因为他所打扮的女人是活动的。他的女顾客们不会像克里斯蒂安·迪奥那样乖乖地坐在男主人汽车的后面，而是自己握着方向盘，和朋友一起去看电影、购物、在小酒馆中堕落。没完没了的手套和晚礼服退场，人们看到了手臂、小腿以及更为惊世骇俗的行动。"握方向盘的女人"拿光了门厅托架上的钥匙，把它们塞进（言之可怖！）衣袋里。在三十五岁时，她突然不再有继续打扮得像少女般或选择夏奈尔的朋友们那样的年纪。"让一个女人变老的，不是她的皱纹或者白发，而是她的姿态。"

仪表，一切尽在于此。这就是伊夫的主要诀窍？直肩和驼背能够表明一位顾客的年龄，除此之外还有其他，那就是步态、姿势等一切可以表现出强健和轻快的东西。纽扣就是纽扣，衣袋就是衣袋。模特儿们知道，把手插在衣袋里是一种对策，害羞的人在令他们感到为难的情况下往往会做出这一举动。那是一种力量的源泉，正如大师所阐明的那样："两个女人，都穿着毛织紧身直筒裙……有衣袋的那个相对于另一个立刻就会产生一种优越感。让手臂下垂、被迫双臂交叉或转动结婚戒指，那些是笨拙的动作，是消极因素。"

把手插在衣袋里还是一种反叛。十年前，即便是男人做出这一举动都会显得缺乏教养。

通过对某些基本式样的不断再现，圣洛朗季复一季地探索和塑造着女性的仪表："每个季节都赋予同一件衣服新的外观是困难的。我逐渐变得严谨。每年我都会改进比例，因为通过观察我的服装在女人身上的存在，我纠正了错误。我的目标是创作出永不过时的典范，就如同臻于完善的牛仔裤。"

正是因为如此，他令他的粉丝们欣喜若狂。她们对那些见得多的、把她们当做酒窖一样装饰的大设计师感到厌烦。而他设计的裙子却顺从她们的身体，让她们感觉获得了自由。不久他开创了"裙面"，在此她们显示出了她们的信念。帕洛玛·毕加索（Paloma Picasso）讲述道："我过去常常穿着奇装异服。这是一种隐藏自我和歪曲他人目光的方法。我很沉默寡言。穿着，是一种交流的方式。实际上，伊夫和我，那是两个极其害羞者的相遇。我在他的风格中看到了我自己的特征。"

他的顾客们对他绝对信任。她们中许多人连看都不看其他服装店一眼。她们感到自己被追捧、被喜欢、被疼爱。

这种现象在他的模特儿们身上达到了极致。她们在如同影星化妆室的化妆间里终于失去了理智："这个让我变美的男人，怎能不撩动我的心弦？从来没有哪个情人会为使我变得漂亮而如此操心。他对我说话。他注视我。他向我微笑。他触摸我。他给我穿衣、脱衣。我就是女主角。"

伊夫如此相信自己的能力并了解自己的客户群体，以至于他不怕表现出他的煽动性："我的基本准则是让女性显得修长，尤其是让她们显得苗条。之后就只剩下增大她们的首饰。对此她们心醉神迷！"

没错！硬干不如软来！

然而，一种反复出现、日趋精简的线条最终或许难免显得过于朴素和无趣。圣洛朗通过定期为他的高级时装系列放任狂乱的想象力恣意驰骋而避免了这一点。但是，对于人们穿着的衣服和重新出现的经典款式则必须考虑其他东西，以便顾客们能够更新她们的仪表："在此我的小道具发挥了重要作用。可以玩弄的披巾，让双手解脱出来的挎包——没有什么比拎在手里的包更难看的了，显现腰部美妙扭动的柔软腰带——依然是链条。我的道具就是姿态。"

粉丝们至今还记得她们为了在晚上装扮成东方女性而在白天穿着男人服装的那个时期。那时她们狂热地迷恋于巨大的领结、项链、腰带等一切"既彰显自由又具有女人味"的饰物。这位姿态大师每季都有新的发现，例如1976年的单肩披巾的方式。

同时，他不断精制着他的化妆品。他的口红以每季二十余种新款提供了最为多样的色彩系列。1978年推出的特别带点蓝色的"19号玫瑰"一直是需求量最大的一款唇膏。有些顾客，例如希拉里·克林顿，专程来到巴黎购买某些在别处买不到的型号。此后，每个女人都发现了他的诀窍：一条小辫、一种穿T恤衫的方式和一只烟嘴。然而大师告诉我们："最美的妆是一种激情。"

他所设计的一切，他所创造的一切，其实都只是为了穿戴它们的女人的"幸福"。1986年，在莫斯科，在最高苏维埃政治局那些看似终身的老元勋面前，他发表了如下极富浪漫的信仰声明："一个幸福的女人是穿着黑衣黑裙、戴着硕大的仿造珠宝、身旁有男人陪伴的女人。"

6. 圣洛朗式的人类

终其一生，圣洛朗都对女性抱有某种观念。那些从这种观念中看到了自己的特征、对他给予她们的不变关注满怀感激的女性向他报以了一种特别的爱、一种几近毫无保留的持久眷恋的方式。最初是他的顾客后来成为其朋友的凯瑟琳·德纳芙大概是她们中最有名的一位。当她穿着黑衣在他身边摆姿势的时候她在想些什么？在以适合他的方式燃烧的火炭下面，应该说是单纯和冷漠，还是默契的宁静更为恰当？圣洛朗的女人是什么样子的？"当代女性"又为何物？

获知上述问题答案的最好办法是去问创造这种女性的人。大师力求洞察未来。他说："我经历了昨日的世界，我改变了它。我感觉到了即将到来的时代。"

至于同时是那个时代的产物和动因的女性，他有一天预言道："我创造了她的过去，我赐予了她以未来，这将在我死后延续良久。"

这是对创造者身份的公开追求。这里的"创造者"不是人们所说的"艺术创造者"中的引申义，而是它的本义。圣洛朗创造了一种新的人类，就像《圣经·创世纪》中那样[1]，他按照自己的形象创造了他们，并把他们分成了男人和女人。因为他父亲曾把他送入宗教学校，他在里面学过拉丁语，所以他知道"人"包括两类，"男"和"女"。人类就是男人和女人。

这种新的创造物，圣洛朗将之纳入了一个新世界："人们从裙子着手，继而抨击布料、男性服装式样和家具。我相信我们正处于一种和'装饰艺术博览会'（Exposition des Arts décoratifs)[2] 具有同样革命性的生活艺术的前夜。打倒丽兹（le Ritz），打倒月亮（la Lune），街头艺术万岁！"

然而，与《圣经·创世纪》中的情形相反[3]，圣洛朗创造的第一个人是女人。他首先关心的是夏娃。直到后来，随着布料价格的下跌，他才创造了亚当。

---

① 《圣经·创世纪》中说，神照着自己的形象创造了人，他所创造的有男有女。
② 1925 年在巴黎举办的"装饰艺术博览会"是现代景观设计发展史上的里程碑，它旨在展示一种"新艺术"运动之后的建筑与装饰风格，"装饰艺术"便起源于此。该展览的名称，后常被用来特指一种特别的设计风格和一个特定的设计发展阶段。
③ 按照《圣经·创世纪》的说法，神创造的第一个人是男人亚当，随后才用亚当的肋骨创造了女人夏娃。

圣洛朗的夏娃是风一般的生命，任何预定都束缚不了她："那是不会受任何事情困扰的女性。"

这种女性退回到了她们的原始力量、天然魅力和线条清晰的姿态。她们摆脱了她们的饰物、矫揉造作、玫瑰和绉泡饰带，也就是社会根据传统投向她们的专横而愚蠢的目光。她们还摆脱了她们在审美、社会、道德和性方面的角色。这就是圣洛朗的"单纯"以及他不断寻求的"朴素"的含义。"美丽？毫无价值。重要的是吸引力、震撼力和人们的感受。"

伊夫体会到了这些表现。他的革命不是针对美学："我想把时尚从美学领域转移到社会领域。"

通过他的时装店，伊夫尽力吸取时代的气息以与其信徒们分享。"被选出"的女顾客们在一种朴实无华的环境中使自己认清了自我：简单的线条表现出了矫揉造作的女人。在这一启蒙之时，伊夫让她们抛掉了纠缠她们的坏习惯，也就是压在她们身上的所有漂亮的沉重，首先就是她们的"资产阶级"特征。

对于主导着那些岁月的资产阶级，伊夫显示出相当对立的厌恶。他坚持着一条将绝大多数耶耶音乐歌手引向争议的最为倾斜的路线。他的高级时装中的黑夹克、他的乙烯基雨衣，都与他那些混合着拉丁风格的时装展一样具有挑衅作用："我讨厌资产阶级女子，讨厌她们的倔强和精神。她们总是在某个地方别着首饰并且头发梳得油亮。"

他也讨厌手套、帽子、钻石和 1947 年至 1964 年间的流行服饰。圣洛朗的女性从不拎手提包，她们只带一盒香烟。金手指儿童就这样扼杀了其师克里斯蒂安·迪奥，他嘲笑后者那些手里提着如菜篮一般拎包的举止优雅的女人："她们所缺的只是韭葱而已。"

这种带着轻蔑的厌恶中混杂着美学、社会和政治的因素，伊夫还在其中纳入了"童子军女领队、肥胖的女仆和女运动员"。"左岸"将她们排除在外。

如此摆脱（"解放"）之后，圣洛朗的女性就该表现自我了。1971 年，"左岸"香水的广告展现了一个浓妆艳抹的红发女郎，她差点压死了一名警察，随后又狼吞虎咽地吃起了奶油蛋糕。解说词："那个时代的女性听话、顺从……她们多么循规蹈矩！'左岸'不是为谦逊的女性准备的香水。"

当然，圣洛朗的女性在性观念上也应当自我解放。时代已经发展到那一步。《纳维尔斯法令》（*la loi Neuwirth*）许可避孕药的销售。性教育手册出版发行，亨利·米勒

（Henry Miller）的性爱百科全书《色史》（*Sexus*）畅销一时，西尔维亚·克里斯泰尔（Sylvia Kritel）在电影中扮演艾曼纽（Emmanuelle），简·柏金（Jane Birkin）歌唱《情色的 69 年》（*69, année érotique*），没有人再愿意愚蠢地死去。那些年，伊夫经常前往马拉喀什（Marrakech）和它的杏园，他在那里遇见了保罗·格蒂（Paul Getty）的妻子、出生于巴厘岛（Bali）的巴达维亚女子塔丽莎（Talitha）。他与他的伙伴、瘦削的贝蒂·卡特鲁（Betty Catroux）和露露·德·拉法莱兹（Loulou de La Falaise）吸着大麻，披着印度头巾，彻夜长谈。

在这种背景下，吸烟装和裤装意味着女性不再如手提箱般被男人带着旅行，也不再像花瓶那样吸引男人。她们从此按照自己的意愿行动。她们不再是猎物，而是女猎人，以往只能偷偷摸摸打猎的她们自此能够像男人一样朝前追逐猎物。埃尔莎·斯基亚帕雷利（Elsa Schiaparelli）感到心满意足，她说道："我曾希望有一天我能变成男人。无论在任何时刻都能前往任何地方的可能一直令我兴奋不已。"

为了加强挑衅，圣洛朗开始推广黑人模特儿，对此当时的世界还没有习惯。他的一位旧友回忆道："她们的头发太卷，腿也太瘦，但她们是神奇的。人们把我们视为反向的种族主义者，因为在我们那里几乎没有白种女人。"

与此同时，鲜艳的玫瑰色在黑皮肤上更显亮丽，而且这些模特儿以她们的平胸、宽肩和长腿而受到大师的喜爱。她们可以说是与其师克里斯蒂安的"女人中的女人"形成了鲜明的对比："黑人模特儿天生拥有特别现代的比例和姿态。她们完全符合我的要求，应该说她们总是带给我很多。我喜欢她们赋予布料的光辉。我认为她们的皮肤颜色之深更能突现出色彩的强烈。她们从未让我失望。我喜欢她们的表情、她们眼睛的光芒、她们修长的线条和她们走动时那无法抗拒的轻柔。对我来说，她们拥有女性身上最具魅力的东西，那就是神秘。不是平常女性的陈旧的神秘，而是今日女性充满活力的神秘……"

因为"当代女性"具有一种特别的形态。存在一种"圣洛朗式躯体"，这种躯体自 1959 年冬圣洛朗还在迪奥公司时就已开始出现。"一种颀长、柔顺的创造物，诞生于和波提切利（Botticelli）的仙女相同的灵感，与翁布利（Ombrie）的花样少女相似。"评论界当时评论道。后来这种体型得到了确定。圣洛朗开创了骨感模特儿风，这些模特儿撑不满她们穿着的他设计的裤装。按照巴雅维尔的说法，她们到了"死于营养缺乏的边缘"。1975 年这种 lean look

的成功激起了小说家的兴致："她们不再向我们炫耀胸部，因为她们不再有胸部。每年，当我回到圣洛朗那里时，我都会寻思那些当他模特儿的忠实女孩是否又成功地瘦了一点。答案当然是肯定的。终有一年她们不再有丝毫的女性特征。衣角轻盈飘扬的绉纱裙在她们骨瘦如柴的身体上展示。那一年，她们使大师能够围绕她们设计完全男性化的服装，不再有任何因胸、髋或臀造成的障碍的痕迹。或许我们喜欢看到某些曲线。唉，那却是平的甚至是凹陷的。我们可怜的双手将能放在哪儿呢？"

由于完全沉浸于梦想之中，伊夫迫使为他工作的女性吸取时代的气息。圣洛朗的女性不受任何事物甚至她们天性的纠缠。没有什么像她们的体型那样困扰着她们。这使某些女性烦恼，又使另一些女性欢欣。"切面包板"①欣喜若狂。圣洛朗的哲学适合她们。"他让我们从丰乳肥臀中解放了出来。"

这是小乳房对二战以来主宰世界的大胸脯的报复。罗洛布里吉达（Lollobrigida）和玛丽莲（Marilyn）依然占据着所有人的记忆，索菲亚·罗兰也没有轻易让乌苏拉·安

---

① 喻指胸脯扁平的女人。

德丝（Ursula Andres）和拉蔻儿·薇芝（Raquel Welch）取而代之。一句话，在伊夫以前，丰满的胸部受人推崇。一切都随伊夫而改变。他将搭上柏金的列车，突显厚呢上衣里的"小家伙"乔安娜·辛克丝（Joanna Shimkus）。这是对黄油面包的大声反对。引针即将成功。

为何他如此敌视丰满甚至性感的女人？原因有许多。首先是因为她们符合"资产阶级"的标准。其次是出于绘图和技术的考虑："为了让女性易于穿衣，她们只需有颈、肩和腿就够了。剩下的由我来负责。"

但是最主要的原因在于魅力的本质。仪表和服装在圣洛朗身上产生了这种魅力，而圣洛朗也希望让它们产生这种魅力。通过反对"女人中的女人"和赞成不分男女的时装式样，他年复一年地发展着一种双性服装系列。作为十足的同性恋者，他突出了女性的男子气概，特别是她们的力量。他的助手和仰慕者、摄影师赫尔穆特·纽顿（Helmut Newton）公开表示："穿吸烟装的女人变得男性化。那不是一个女人，而是个既可能是英俊少年也可能是绝色佳人的生命。这种二重性吸引着我。"

男性化、二重性，这两个词后来被圣洛朗再次采用："穿裤装的女人绝非男性。通过精确的剪裁，她们的女人味、她们的魅力和她们的二重性都更为显著。这种男性化的女人，在服装上与男性别无二致，同时又展现出一切只属于她们的秘密武器，特别是化妆和发型，以克服那些看似不利的条件。"

这一宣言充满了矛盾。如果一条剪裁得体的裤子真能格外突出适合于它的女性的身体、展现出她们的女人味并加强她们的魅力，那么显然，在这种情况下她们决不会有任何二重性。即使忘了做发型和喷香水，她们也不会表现出丝毫的男性化。吸引纽顿并受到圣洛朗推崇的不是穿长裤的男性化的女人，而是她们的那种体型。后来，大师在其他地方更为明确地表示："女性的身体近似于少男的体型，正是这种二重性产生了女性的魅力和诱惑力。"

他的这种作为经验之谈的、可说是社会学上的阐述其实是一种个人的偏好。他的一些体型瘦削的女性朋友记得他喜欢这种二重性，直到被几名和她们同种类型女人吸引甚至盯上了她们的梢。他把这种二重性作为一种欺骗自己的机会来追求。没有臀的切面包板使他能够通过女人想象男孩。当他认为他的模特儿乳房太丰满时，他会让她们裹上绷带以掩饰隆起的胸部，就像是人们想要催乳的产妇。圣洛朗不喜欢的并非廉价的饰物或带有可拆卸背带的胸罩，而是那里面的东西。他在肉体上是厌恶女人的。女性天生的体型令他不快，金·诺瓦克清楚地感觉到了这一点。这种对于女人天性显露部分的强烈反感促使他擦去了超出图样的一切，同时也使他过分歪曲了女性。人们完全有理由说："她很符合圣洛朗的标准，一点都不像个女人。"

伊夫·圣洛朗惧怕清晰显现的女性。他害怕一切过于公开地表现自己存在的事物。他和普鲁斯特一样讨厌轻佻的女人，因为她们"什么都准备好了"。1992 年 10 月，"他嘴干舌燥，仿佛得了口疮，再也无法言语"，因为让·保罗·戈尔蒂埃（Jean Paul Gaultier）在洛杉矶（Los Angeles）让穿着袒胸吊带裙的麦当娜（Madonna）和吸烟装下配网线紧身裤的拉蔻儿·薇芝登台表演。"这不可能，那些东西来自德国的性爱中心，应该在色情书画专卖店中出售。"

因此他应该是真的为欣赏黑人模特儿而喜欢她们的肩膀，因为她们的臀部极美。这是一出长裤中的戏剧。她们的白人伙伴冷笑不已。为了符合男性化的强制要求，她们自己忍受着极大的痛苦，为此她们进行了报复："伊夫设计的裙子适合于想象中的过瘦的女子。不论怎样控制饮食，我们都只会脸色难看而不会变瘦。我们有臀部，它就在这儿。"

对于圣洛朗的双性创作来说，女性的臀部即使算不上绊脚石，至少也是一种限制。通过兰波（Rimbaud）式厚呢上衣、吸烟装和中空裤，"当代女性"掩盖了同性恋的欲望，而她们的解放掩饰的则是一种征服的欲望而非供认。女装设计师往往都是同性恋者，克里斯蒂安·迪奥也是其中的一位，而伊夫·圣洛朗则是第一个要求获得这种身份的人，通过他设计的服装式样，也通过他创造的新人类，男人和女人。圣洛朗式的人类表现出了其创造者的同性恋。

这对于当代女性来说千真万确，对于如今的男性亦是如此。我们很快就会发现这一点。从某种意义上说，圣洛朗的确关心女性甚于关心他的男性同类："我总觉得男人没有女人值得注意。"

为此，报界在某日声称在"解放了女性之后，他没有为男性做出什么重要的事情"。可实际上，它搞错了。圣洛朗一直将他创造的两性一起考虑。1980 年，他在两性结合的基础上缔造了未来的时尚："我还不知道怎样去做，但我知道，我预感到了这种热情、这种年轻人都穿着相同服装的一致。这里存在着一种观念，我最终就算不是创造了它，那也是发现了它。男人比女人穿着舒适，因为他们无需扮演物的角色，那种角色常常令以往的女性动弹不得。在所有那些过于宽大的粗毛线衣、束身长袖女衬衫以及女性从男性身上借用并通常很适合她们的一切中存在着一种对平等而非报复的关心。这将是稳定的。舒适如今已成为与美观具有同样决定性的价值。对于时装设计师来说，必须适应这种变化并不是坏事。这将使活着和劳作着的人们避免错误或者无法达成的幻想。"

此时距1969年5月12日他在图尔农街开办圣洛朗男装店已有十一年。不是为了别人，而是为他自己："我很自然地涉足了男性的时装式样。这是受私心的驱使，因为我渴望以一种我从未在服装店里见到过的方式来穿着打扮。"

他首先需要的不是舒适，而是自由和幻想："我所喜欢的，是男人们摆脱了他们的枷锁，就像女人们刚刚所做的那样。她们要比他们开放得多、现代得多。但愿法国人停止相信裤子的褶痕、让人严肃的阴森的领带、'商务装'（为什么没有提到商务餐）以及他们出了名的优秀的民族品味。"

为了增加分量，他又补充道："我把为讨厌的人和讨厌的场合制作讨厌的服装留给别人去操心。我只和自由的人们交流。"

面对这一雄心勃勃的计划的成果，人们迄今仍表示怀疑。在我们看来，"解放"的撒哈拉短袖上衣、带有巨大尖领的衬衫、低腰裤和粗皮带并不那么有趣与合适。但这不太重要。圣洛朗尤其是通过他的女性时装式样与新人类们、与他的兄弟们交流。长期压抑在羞耻中的同性恋者把他当做了他们的旗手和他们形象与愿望的导演——裙装和裤装的导演，这种形象与愿望也是他本人所拥有的。

这就是为什么他钟爱极端考究的发型、沉重的首饰、强烈的化妆和过分修饰的面孔，这些就像是在几近男性的身体上对女性特征的滑稽模仿。滑稽模仿与男女混合构成了喜欢穿异性服装的同性恋者夜总会的经典要素。在其感觉的同一个层次中，圣洛朗还表现出了对玛琳·黛德丽和她的传奇的真正迷恋。燕尾服、吊袜腰带、蓝天使、香烟、低沉的声音、两次大战间的柏林，所有这一切萦绕在他的脑海中，为他的吸烟装和时装展带去了灵感。当轻佻的女人融入一种二重性的烟雾中时，她们就不会再激起他的任何排斥。当女性看起来像男性时，她们就不会再令他反感。

反常的是，为了把圣洛朗式人类的两半合并为一个雌雄同体的存在，这位努力在男性身上颂扬女性魅力而在女性身上赞美男性力量的服装设计师，结果创造出了一种破碎的女性形象。妇女解放运动想要"把男人切成碎片",而圣洛朗则将女人肢解成段。一边是吓人的躯体,臀、胸、所有那些可怕的东西,另一边则是天使,是"不可触及的天堂鸟"女性。天堂和不可触及相辅相成。埃德蒙德·夏尔-鲁得出结论:"女人对他来说依然是个梦想。爱恋就在那里,带着尊重还有赞叹。这是我们的服装设计师中最浪漫的一个。"

7. 大众女装制造商

1996 年，圣洛朗说道："我创造了我的时代，并且我试图预见明日的世界。"

这是一个不缺乏作品的工地。它需要塑造一个世界，发现一代人的风格，加工无数的体型，化妆千百万张面孔，同时还要在相应的头脑下播撒风暴。从何做起呢？

在此大师只能运用他的手和他的心。他说："我是一个工匠，不是革命家。"

因为他并不具有理论的头脑。自高中以来，人们就记得他被哲学作弄，在历史方面也同样糟糕。伊夫是一位艺术家，完全凭直觉行事。社会学论文与他的气质格格不入，他所受的唯一的政治教育还是那场暴动。为了能让最愚钝的人明白，他明确表示："我不理解我的时代，我是在感受它。"

那是个奇怪的时代，尤其是当人们通过女性来看待它时。圣洛朗时运不佳。他不喜欢《大家族》（*grandes famil-les*）里小口小口吃饼干的资产阶级女性，她们的女儿在"加德满都之路"（*chemins de Katmandou*）上吃着青草。只有过分乐观的人才会觉得这更有害。

在某种程度上，伊夫就是这样的乐观者。他有着青年人的活力，罗兰·佩蒂在他身上看到了"变色龙"随风转舵的一面。他喜欢耶耶音乐，后来又喜欢淡紫色的绸缎和老爷车。从这一方面来说，他和约翰尼·哈里代和雅克·希拉克相似。时尚界人士和那些希望永远受到公众喜爱的人有相同之处：他必须承受所有的改变，哪怕是最不规则的改变，让它们通过，为它们辩护。因此圣洛朗与他的领航鱼①皮埃尔·贝尔热合作搞政治并不太困难，也没有强迫自己的本性。

圣洛朗的时尚追求的社会革命也将经历政治斗争。当然，领导者是圣洛朗和密特朗的朋友、战后的左翼老兵、左翼反殖民主义和反种族主义战士、同性恋和世界祖国事业的捍卫者皮埃尔。然而行动的智囊、通过形象和言词来

---

① 学名舟鰤，它被称为"领航鱼"的原因有两种说法，一种是说自古希腊时代开始，人们发现每当船只往海岸方向前进时，舟鰤便会出现，因此人们相信舟鰤是在引领他们归航；另一种说法是说每当舟鰤现身时，捕获到大鱼的机会就高，因此认为舟鰤能引领他们到正确的渔场。

改变思想的人，却是伊夫。

大体上讲，他的方法很简单，就在于颠覆存在于过去习惯中的事物和如今的流行服饰以让明日突然降临。怎么做呢？依靠裸体、性、古怪、极端或情感宣泄等一切令人感到兴奋、惊讶、刺激和激动的东西。解放者的愤怒、节日般的违抗。简言之，1968 年 5 月众所周知的事件。并没有施展魔法，但却十分灵验。圣洛朗不是一位伟大的理论家，但却是一位形象、人体及灵魂的出色操纵者。他是第一位在普通民众中具有广泛影响的女装设计师，是一名伟大的大众女装制造商。

他首先使用的是设计师的习惯武器——时尚。他用厚呢上衣、撒哈拉短袖上衣、吸烟装、女式裤装震惊了朗代诺（landerneau），尤其是以他的"左岸"服装店改变了时尚的进程和含义。他自己对此作了很好的分析："通过在1966 年开办世界上第一家带有大设计师字号却不涉及高级时装的成衣店，我意识到自己推动了我那个时代的时尚，并使女性得以进入了一个此前一直被禁止进入的世界。和夏奈尔一样，我一向同意别人模仿我的作品，我为全世界的女性都穿着裤装、吸烟装、厚呢上衣和有腰带的雨衣而感到自豪。我觉得自己创造了当代女性的全部服装，我参与了我的时代的变革。"

为了配合这一运动，他时不时会做一些有意义的小动作。1981 年，他为进入法兰西学院的第一位女性作家玛格丽特·尤瑟纳尔（Marguerite Yourcenar）设计了制服。一名女性穿上法兰西学院院士的礼服，这在二十年前实在是不可想象的。十五年后，"巴黎春天"集团旗下的著名邮售公司 La Redoute 邀请圣洛朗进入了其秋冬季商品目录。他接受了。这是所有人都能消费得起的奢华。在两个月内，两万套吸烟装就被销售一空。

然而，认识到这些小事意义的圣洛朗有时也会做出一些别样的壮举。那时他就不再是一个普通的摆弄布料的人，而是一位时代的缔造者。正因如此，在 1971 年，当他略微感到自己陷入低谷时，他决定采取行动将自己推入煽动宣传的世界。这一举措在四十年后看来并没有什么了不起，但在当时却震惊了巴黎。他准备展现自己的裸体。

在那个时代，裸体风行一时。从《真相》（La Vérité）到《头发》再到《圣特罗佩的警察》（Gendarmede Saint-Tropez），裸体激荡着整个上世纪六十年代。美国的女权主义者走上街头叫嚷"禁止胸罩！"，没有胸罩的女游泳裤在海滩上散布。空气中弥漫着某种东西。必须抓住它。于是，

"伊夫加入了上空装的行列"。他忽略了衣服的上半部分，还假装天真地说道："我不知道这样的服装还在制造。"

因为在圣洛朗的服装概念里，裸体一直占据着核心地位。首先存在着裸体的感觉，这反常地构成了他的理想。他在这种理想之上寻求着"服装的绝对宁静，也就是身体与服装融为一体的时刻、人们完全忘却自己所穿服装的时刻、服装不再碍手碍脚的时刻、人们感觉就像什么都没穿一样无所拘束的时刻"。

随后就有了裸体的形象和观念。数年来，带着那些就在关键部位绣上花的透明连衣裙，他一直围绕着只用闪光片遮盖的乳房和髋部、当做新娘婚裙的紧身薄绸、"透视装"和裸露的胸部打转。此刻，这一他吸引女性做的游戏，他准备自己也玩上一把。极薄的黑纱下难以觉察的胸部和轻薄如空气的织物笼罩下的模糊不清的身形在它们那难以触觉的轻雾后面暗示着某种双重性的存在，只有人们心怀的欲望才能明确表达出这种存在。伊夫准备通过吐露这些两性同体的秘密粗暴地打破那怀抱的模棱两可。为了推广他的"左岸"香水，他全裸出镜，请让卢普·希埃夫（Jeanloup Sieff）给他拍照："我想要给人刺激。我愿意赤身裸体。"

那张照片出现在十一月号的《时尚》杂志上，题词如下："三年来，这款香水都只属于我。而今天，你们也可以拥有它了。"

圣洛朗式的人类逐渐为人们所接受。男性在自愿的异化过程中与女性接近，他们也成为了广告的对象。不久，伯特·雷诺兹（Burt Reynolds）在《全球主义者》（*Cosmopolitan*）上展示了自己年轻健美的身体。此举大获成功。伊夫受到了他人的模仿。更重要的是他达到了自己的目的，给人们带去了刺激。如舞者般卖弄自己身体的竟然是一位总经理！而且还是位以制衣为职业的服装设计师和一位穿金戴银的大明星！贝尔纳·皮沃（Bernard Pivot）在《费加罗报》上概括了最大多数人的观点："一个默默无闻的人为了营生而裸露身体，那令人悲痛甚于反感。但一位知名人士为了推销一款产品而毫不犹豫地跳起脱衣舞，那就有点像是厚颜无耻的挑逗了。"

对此伊夫毫不在乎。在一个仍处于维多利亚时代的欧洲，裸体是革命的推土机。它摧毁，它清除，它疏通。而一名同性恋时装设计师的男性裸体更是如此。这是从他的深厚底蕴中萌生出来的现代特色。

如雨点般落下的批评并没有拦住圣洛朗，反而激励了他。他将找到刺激公众的其他方法。他以引发议论为幸福。他的模特儿的挑衅的姿势、她们裙子的颜色、她们的化妆和她们离奇的小道具有时并无其他存在的理由。为了打破巴黎人的高雅所享有的尊崇，他于1971年推出了他的"跳蚤"系列时装；1976年，他把他的时装展变成了戏剧；而"解放"系列则让人们怀疑他是在迎合纳粹主义所产生的色情小说。

然而，作为多种方法中具有颠覆性的一种，裸体很快就会失去它的效力。在上世纪六十年代，裸体是资产阶级社会的重型破坏性武器，而到了二十年后，它不过是广告中的一种陈词滥调。从那时起，人人都竭尽所能地变换着议论的范围。穆勒让一名怀孕的模特儿打扮成圣母玛利亚（Vierge Marie）的样子登台走秀。还有人临时用《古兰经》的经文装饰一位顶级模特儿的胸部，直到有位毛拉①提出抗议。只有莫斯科的列宁（Lénine）墓未被这一切玷污。藐视权威的代价要超过损害神圣的事物。这些小把戏并没有引起圣洛朗的兴趣，就像取代时装展的恶俗表演一样。作为发起这场运动的时装设计师，圣洛朗感到自己的初衷遭

---

① 某些地区穆斯林对伊斯兰教学者的尊称。

到了他人的违背，这种感觉要甚于自己被人超越的感觉。对他来说重要的并非引起公众的兴趣，而在于迫使公众去思考，在于解放他人和解放自己。

这就涉及到煽动。他生性喜好煽动。他的雇员们有时不得不阻止他："伊夫是一个演员，是一位煽动家。他就是要让令他厌恶的人和事暴露无遗，比如秩序和循规蹈矩的人们。"

但他与他的模仿者们不同，他总是要求自己把美作为煽动的界限："应当始终用美好的事物来刺激人们，绝不能展现丑恶。"

实际上，根据他自己的判断，美感是他所承认的唯一的价值。他从未忘记对美丽和自我的崇拜，就像普鲁斯特也即年轻时的莫里斯·巴莱士（Maurice Barrès）一样。不过他和他的管家皮埃尔·贝尔热两人一起生活和工作。后者更喜欢高谈阔论，他拥有广阔的朋友网络，这是一种方法。从一种唯美主义者的反叛中，他萌生了从事政治和商业的念头。

让我们从商业开始。"鸦片"，这款香水值得一提。在1977年至1979年的两年间，空气中充满了它的香味。然而这一次并非是要吸引男人，而是要掏女人的钱包。刺激依

117

然是一种乐趣，但已不再是反叛的手段，而是充实的方法。事情办得很体面。日式的红色香水瓶、由黑手党代理并宣传（这绝非捏造）的挑逗的广告、在巴黎尤其是在纽约举行的带有巨大佛像、竹子和中式庙宇的庆典。焰火映红了天空，空中还出现了由巨大的字母组成的伊夫的名字。对自己的到来仍然小心翼翼、犹豫不决的大师终于出现并宣布："鸦片是一种名贵的药材。"

几乎全纽约都为之痴狂。沃霍尔称之为"极富魅力的YSL'鸦片'派对"。但美国的华裔却未给予它如此的好评。他们举行示威并发放"杀死'鸦片'"的徽章。美国反鸦片和麻醉药滥用联盟（American Coalition Against Opium and Drug Abuse）的代言人詹姆斯·邹（James Tso）开始行动："出售一种与在中国和其他地方毒害了千百万人的物品有关的香水，这么做你们觉得正确吗？"

他建议用"莲"、"魔力"或"东方珍宝"的名字来取代"鸦片"这一"精神污染"。这索然无味。《纽约时报》一篇文章的标题说得好："朋友们，放轻松，这不过是一款新的香水。"

的确，这只是一款香水，但詹姆斯·邹仍感不安，他毫不退让，终于使"献给那些沉溺于伊夫·圣洛朗的人们"

这一广告标语产生了变化。

新的广告标语只谈到习惯而不再涉及上瘾。贝尔热胜利了。仅就欧洲而言，这款香水的销售额在一年内就达到了三千万美元。在香水市场上，圣洛朗从第十七位跃居首位。除了这一广告和商业的成功之外，邹先生或许是对的：通过温柔的煽动和游戏的唯美主义的狡猾手段，人们很可能使毒品大众化。

现在让我们来看看皮埃尔·贝尔热的政治业绩。和圣洛朗公司的性质一样，贝尔热的业绩也就是伊夫的业绩。

一个多世纪以来，对文化方面的煽动的陶醉一直让这位放荡不羁的左派人士欢喜不已，它们增强了他对于庸俗之人的优越性。面对敌人，贝尔热摆出一副学识渊博的左派领袖的姿态。由于缺乏所谓的社会威信，他致力于在文化领域发挥影响。不给任何人多发一个月薪水的他却每年都出席考克多的祭日弥撒，他还说服安迪·沃霍尔为《解放报》撰写了一篇对这位伟大魔术师的描述。密特朗的文化部长杰克·朗是他的朋友。共和国总统本人是他的至交。他在乔治-马克·博纳穆（Georges-Marc Benamou）主编的月刊《环球》上发起了支持密特朗的运动："伯伯，不要离开我们。"

他对时任"紧急反种族主义协会"（SOS Racisme）主席、"当时最重要的人物之一"阿尔朗·代齐尔（Harlem Désir）发号施令。他认为"种族主义是世上最肮脏的东西"。他资助防治艾滋病的研究。在他的头脑里，那构成了捍卫同性恋事业的一部分，而他自己就是一名积极的捍卫者。自 1986 年起，他就让人在马尔索大道的厕所里安装了安全套自动发售机。也正是他促使在上世纪七十年代的广告宣传中选择了男性同性恋名模鲁波特·埃弗雷特（Rupert Everett）。他还重新出版了考克多的一本爱情文集，并在其中表明了他的同性恋取向。作为《顽固》（*Têtu*）月刊编辑委员会的主席和赞助者，他告诉人们："在 2002 年将会有一项关于同性恋的决议。"

最后他还与法国共产党的领导人罗贝尔·于关系密切并促使自己从政。

但在做这些事情的同时，他并没有侵犯伊夫。自阿尔及利亚战争以来，后者一直感觉自己身边充满着正义和进步。他不喜欢侨民和伞兵。只用左派和右派这样的字眼已不再令他满足。于是皮埃尔收拾起他在政治上的不满，就像修理抽水马桶水箱和电灯泡那样。吃鱼子酱的左派人士的金枪鱼并未在冰桶里完全冻结。皮埃尔弄湿了衬衣。为了让服装业能够发挥第一流的社会作用，他在杰克·朗的协助下努力使它顺应时尚。他准备与政治举行婚礼。他像勒迪克罗（le Ducros）一样辛勤耕耘着服装文化，他还将宣告人权直到天安门广场。特别是，他将创造出不同寻常的事件。

第一件事发生在 1988 年 9 月 8 日的拉·古尔讷夫公园（La Courneuve）。所有思想正统的巴黎人都沉浸在弗朗索瓦·密特朗再次当选和戈尔巴乔夫"公开性"政策的喜悦之中。《人道报》记者米歇尔·布埃（Michel Boué）实现了一个壮举，他请来了圣洛朗和他的姑娘们参加"人道"庆典（Fête de L'Huma）。一百三十名模特儿在一个宽阔的黑色舞台上走秀。这一切都极其平凡。乔治-马克·博纳穆变成了临时送货员。他甚至可能吃过一盘炸薯条。

十年后，在希拉克执政期间，皮埃尔·贝尔热组织了与民众的第二次会面。借助与国际足联（FIFA）副主席米歇尔·普拉蒂尼（Michel Platini）的特殊关系，他让圣洛朗的模特儿们踏上了圣但尼（Saint-Denis）的法兰西体育场为足球世界杯表演。该事件极富象征意义。关于民族特性的争论甚嚣尘上。勒庞（Le Pan）指责那些不唱《马赛曲》的运动员。彻底回复到反极右主义（"我宁愿在同性恋面包商那里买面包也不去国民阵线（Front national）^①的面包店"）的皮埃尔·贝尔热在共和派中看到了促进非沙文主义的、多元文化的、统一的爱国精神的机会。

在七月的炎热中，六组五十人的模特儿随着拉威尔（Ravel）的《波莱罗舞曲》（*Boléro*）那单调而迷人的乐音在足球场中央列队行进。习惯于运动短裤、护胫和钉鞋的观众看到沙皇的俄国、紫禁城的中国和热带丛林中的所有藤本植物在不太适宜于录像的光线中款款走来。体育场的诸神都被这些怪异的女子吓到了。表演持续了十六分钟，耗资四百五十万欧元，其中三分之一出自圣洛朗公司。二十亿人观看了演出。皮埃尔·贝尔热欣喜若狂。伊夫坐在凯瑟琳·德纳芙和朗夫妇中间目睹了这一切。他保存着一个由米歇尔·普拉蒂尼亲笔签名的足球。整体评论："在艺术中，法国能够做得更好的依然是女装，而在女装界则要数伊夫·圣洛朗。如果在美国，我们可以安排一些在节日里穿军服游行的少女。但我们是在法国，这一切都有含义，并非无缘无故。"

这句话说得再好不过了。

---

① 以勒庞为首的法国极右政治组织。

第三章

生活的艰辛

8. 来自阿尔及利亚的巴黎人

在审美幽灵中最让圣洛朗感到压力的名叫巴黎，这个词很舒服地、没有太多错误地描述了这种混合的甚至带点犯罪感的诱惑。在伊夫长达四十年的后半生里，这种巨大的诱惑如磁石一般牢牢地吸引着他。每当黄昏降临，圣约瑟夫（Saint-Joseph）中学的那些纪律规范随着白昼一齐消失，这时，圣洛朗才真正感到心灵的回归，属于自己的时间来了！这个受仙女们庇护的孩子，喜欢节日、化妆和一些女性的爱好。渐渐地，他长成了一个孤独的青年，他的身体渐渐显露出男孩的性特征。他羞怯，少言寡语，喜欢隐藏自己的心事。他梦想着这样一座城市：自由得不可思议；没有白昼，流苏和宝石装点的灯照亮着无尽的长夜。戏剧女演员、电影女明星们佩戴着钻石来往穿梭，夹杂着流言碎语。精妙绝伦的话语在回荡，震撼人心的画面和音乐在摇曳。这便是巴黎。巴黎，这个保持了多少年的世界文化中心，带着它那一出出伟大的戏剧和至今仍活跃在艺术舞台上的一位位大画家，点燃了文学节日的焰火长达三百年之久。让·考克多、阿努伊、蒙泰朗（Montherlant）、埃梅（Aymé）、莫朗（Morand）、吉奥诺（Giono）、纪德及萨特、马丁·杜·伽尔（Martin du Gard）、罗曼·罗兰（Romain Rolland），当然也别忘了热内（Genet）和尼米埃（Nimier）。这便是巴黎，这里到处都是歌舞、戏剧和林荫大道。《时尚》杂志每期必刊登与巴黎相关的介绍：巴黎歌剧院的星期五，上过浆的胸甲，共和国的卫士们拔刀出鞘。混乱的巴黎，邪恶的巴黎，从丽兹酒店、香榭丽舍大街到一幅幅光怪陆离的景象，巴黎才华横溢地将滑稽与崇高巧妙地结合在一起。格鲁（Gruau）或多梅尔格（Domergue）笔下描绘的巴黎和巴黎人。多梅尔格是半裸美女画的缔造者。这些半裸体的姑娘原本是服装店的女店员，她们更适宜于满足青春期前的感官欲望。垄断中的巴黎，它有着浅蓝色的美丽街区，如和平街（rue de la Paix）和香榭丽舍大街；也有绿色的，如布雷托耶大街（Breteuil）、佛什大街（Foch）和卡皮西纳大街（Capucines）。生意场中的巴黎，金钱世界的巴黎，但尤其是世界的巴黎。巴黎是自拉斯蒂涅（Rastignac）起多少外省人心之向往的胜地①。巴黎，那里华丽光鲜的大城市生活，那里花花绿绿的诱惑陷阱，那里璀璨的灯光，那里精彩的演出，那里的自由，那里的男人、女人。当爱情在这个十四岁少年的心中渐渐苏醒，巴黎便有着让他难以抗拒的力量。正如伊夫所说："这主宰着我们的玫瑰色的雾。"

圣洛朗的心中一直有着对巴黎的莫名崇拜。白皮肤的奥兰青年透过夜间的热闹派对正暗暗憧憬着未来的人生。他的心中正酝酿着一个出征巴黎的计划，或许这带有些许讽刺意味：

> 社交活动！社交活动！
>
> 你必须加入其中。
>
> 它必须在你的生活中占有无比重要的地位。
>
> 因为那里全都是应在你伟大心灵中占有一席之地的女人。
>
> 那里有第一流的舞会！
>
> 有第一次的征服！

---

① 拉斯蒂涅是巴尔扎克《人间喜剧》中的一个主角，作者描写了这个朴实的穷大学生在巴黎大都市的诱惑下一步步走向利令智昏的过程。

那里有无数的演出！

明天，巴黎歌剧院的晚会！

礼拜一，在波菲里奥·鲁维罗萨（Porfirio Rubirosa）家异国情调的派对。

礼拜二，全巴黎汇聚于马克西姆（Maxim's）餐厅。

礼拜三，有为电影《佳人》（belle que voilà）举办的鸡尾酒会。

礼拜四，艺术家联合会（Union des artistes）的盛宴。

礼拜五，你将去波旁–帕玛的安娜（Anne de Bourbon-Parme）家做客。

礼拜六，化装舞会，主题是：拉封丹的寓言和佐罗的面具①。

礼拜天，你睡了。一周仅此一次足矣。

三十年之后，圣洛朗在把他设计的"巴黎"香水作为离别的礼物赠送给约瑟芬·贝克时，他对着一个头脑中虚

---

① 原文为安东尼奥（Antonio）制作的面具。安东尼奥是电影《佐罗的面具》中佐罗的扮演者。

构出来的女人喊道:"你的香芬令我目瞪口呆。这一切我将永生不忘。在巴黎的许多地方我都能再见到你,我要把你的玫瑰紧紧地靠在我的胸膛。或许你只是我为了实现梦想而找的一个借口,我心中的真正愿望是:推出一款香水送给我最爱的巴黎。巴黎是一席流动的盛宴,焰火的光亮和声响在世界闪耀和回荡。对于这款我最新推出的香水,我觉得没有比你的名字更适合用来命名。因为我爱你,我的巴黎。"

又过了七年,1990 年 1 月,他献给贝尔纳·比费、克里斯蒂安·迪奥、路易·茹韦、弗朗索瓦兹·萨冈(Francoise Sagan)、琪琪·让梅尔、凯瑟琳·德纳芙、玛丽亚·卡萨莱(Maria Casarès)和可可·夏奈尔的"致敬"系列时装伴随着蒙当(Montand)、特雷内(Trenet)、格雷科(Gréco)和布雷尔(Brel)这些歌唱过"帕纳姆"(Paname)① 的歌手们的歌声在舞台上展示。最后,在甘斯布的《爪哇舞》(La Javanaise)乐曲声中,一位模特儿走上台来,身着一件美妙绝伦的外衣。"灰蓝色"的巴黎映照在岩石的水晶光泽中,石头上还摆放着幻想的办公室中的吉祥

----

① 法国人自称、俗称巴黎为"帕纳姆"。

物麦穗。这位魔术师将他在某天觉察到的巴黎的天空和太阳的倒影变成了晚礼服。一些亮片、一些流苏、几段稻草、几颗磨光而没有刻面的宝石和镜面，经过长达七百小时的工作，他如愿以偿。巴黎再一次变得崇高而伟大。你可以评价所有这些作品造型夸张或矫揉造作，但它们绝非不真诚。对于他的城市，伊夫感受到一种肉体的、几近家庭的依恋。十六岁时，他表明：

> 塞纳河是我的姐妹
>
> 就像某天
>
> 我从妈妈的体内来到人世
>
> 每天
>
> 塞纳河都从地球的深处涌出。

他不能离开巴黎生活。巴黎一直在他的面前，在他的生命里，他很想抚摸她，就如同人们抚摸一个女人，希望切实感受她的存在。面对巴黎流光溢彩的花花世界，圣洛朗惊讶得目瞪口呆。正如埃德蒙德·夏尔-鲁在圣洛朗初出茅庐时便发觉的那样，他依然是那个"来自阿尔及利亚的巴黎人"。

终其一生，他都逃脱不了这巨大的美梦之镜的陷阱，他沉溺其中，神魂颠倒。终其一生，他都臣服于这专横的审美幽灵。

在巴黎，他找到了他的参考、他的词语、他的灵感。他的激情，有时带着受虐的倾向。这在他为帕尔默·怀特（Palmer White）所作的关于斯基亚帕雷利一书的序言中有所体现。就像是他在巴黎想象他伟大的先辈："她掴了巴黎一记耳光。她打巴黎，折磨巴黎，用魔法残害巴黎。巴黎成了她疯狂的情人！她来了，像谜一般，幽灵一样，试着消失在人群里。旅行箱里塞满了主教的丝绸、红衣主教的红袍及斗牛士的服装。流苏卷、装满金块和银色币的糖果袋、教皇的波纹织物、罗缎、边缘锋利犹如土耳其弯刀的粗横棱纹织物、东方睡袍、肋形胸饰和受勋者的绶带、即兴喜剧的小道具、喜剧丑角的服装、秃鹫的一束束僵硬而糟糕的羽毛、马戏场的马的轻盈活泼的羽冠。无数奇形怪状的事物，既令人不安又引人入胜。

他制作明信片的灵感来源也是巴黎。他和美国游客以及德国的休假军人有着相同的爱好：下等咖啡馆、清晨、节日、衣服上的闪光片、香槟酒、女孩子、夜总会、琪琪、"长脑袋的腿！"、玛琳·黛德莉、口红、吸烟装。"当一个女人开始使用诡计之后，她便更令人激动并因此而更加迷人。"

这就是巴黎！这里到处充斥着娱乐消遣！男人们在这里破产！女人们热衷打扮寻求快乐。这些就是圣洛朗的国王和王后，是他的人间喜剧，是他自幼便在头脑中上演的电影。

在他的戏剧里，他必须到幕后，以某种方式来体现他自己的作品。他幻想把在巴黎做的美梦变成现实。在开办自己的公司之后，这一切也就真正付诸行动了。他曾想着要出去，稍微了解一下巴黎。他受到了广泛喜爱。媒体称之为"斯蓬蒂尼街的披头士"。《侦探》（Détective）称之为"首都最优雅的男士"。他名噪一时，成了公众追捧的对象。大家争着请他为自己设计服装，抢着请他到家里做客。1965 年 9 月，经常光顾圣洛朗时装店的海伦·罗莎（Hélène Rochas）在布洛涅（Boulogne）森林大瀑布前举办了一场主题为"窈窕淑女"（My Fair Lady）的舞会。人们在那里见到了圣洛朗。在西比尔·德·旺德弗尔（Sibylle de Vendeuvre）的十八岁成人礼宴会上，在应邀出席的一千五百名来宾中，我们也见到了他。这场宴会是盖伊·罗斯柴尔德（Guy de Rothschild）男爵夫人为她的小孙女举办的。伊夫为她们二人设计了礼服。

对于这个对他仰慕有加而他自己也万分喜爱的世界，他既是商人又是思想大师。在玛丽-海伦·罗斯柴尔德（Marie-Hélène Rothschild）的东方舞会上，他为珠宝缝制的宽大长裙配上了女式无袖胸衣、波斯和俄罗斯、绒球、皮袄以及丝绸之路的奥秘。当他在布洛涅森林的"群岛木屋"（Chalet des îles）为他的朋友露露·德·拉法莱兹的婚礼举办晚会时，他将更多的风格融为一体。这次的晚会被载入史册。这是一锅给朋克族的炒鸡蛋，但却得到了通常所说的上流社会的极力追捧。光脚穿燕尾服，以及其他一切等等。每个人都会感觉良好，父母、孩子、知识分子、运动员、富人、穷人……只需看上去有趣，所有的到场者既然被邀请出席了，就必须这样。这，就是巴黎，就是他的圈子和他的团伙。

圣洛朗的小团体从上世纪六十年代开始形成。在这个团体中，我们可以见到露露·德·拉法莱兹、贝蒂·卡特鲁、他的那些又瘦又高的女朋友、琪琪·让梅尔、科兰一家（les Collin）和米诺兹一家。在一位红棕色头发的遗产继承人圣克拉拉（Clara Saint）的帮助和引荐下，伊夫进入了巴黎塞纳河畔的社会，那里后来成为了他的群落生境，成为了他日常生活的地方。那里有热爱美国文学、伟大事业、自由和熟人晚会的人，有喜欢媚俗的事物如《飞侠戈登》（*Flash Gordon*）和流行音乐的人，有认真思考如何在"大众文化"的时代衣着考究的人，还有痴迷于滑稽模仿、陈规旧矩、衣服上的闪光片和穿异性服装的人。

露露觉得巴黎"土里土气"。伊夫竭力让她改变想法。他走出门，走进那个极端的巴黎、疯狂的巴黎、奇怪的巴黎，当然也是男孩们的巴黎。圣安娜（Saint-Anne）街七号成了他夜间的主要活动地。他的团伙在那里遇见了卡尔·拉格菲尔德（Karl Lagerfeld）的一群人。大伙儿聚集在那里，脸贴着脸。甚至还有一些女孩子，如弗朗索瓦兹·萨冈、歌迪亚·卡汀娜（Claudia Cardinale）和帕特·克利夫兰（Pat Cleveland）。之后是奢华酒店时期。男孩。密室。路易王妃水晶香槟（Cristal Roederer）。爱情的阴谋和猜忌。堕落。闷闷不乐的皮埃尔·贝尔热。这就是巴黎。刚刚转变的费杜（Feydeau）、王尔德（Oscar Wilde）或者我们所希望的任何人。漩涡不应终止。巴黎扩张到全世界。同一群人为了观看大运河上的轻舟比赛而相会威尼斯，或是为了听瓦格纳（Wagner）的歌剧而聚首拜罗依特（Bayreuth）。还有马拉喀什的沙漠汁液中那令人激动的真实。乘坐喷气式飞机旅行的人物和嬉皮士①几乎同时发现了它。杏子、音乐、野餐、大麻、威士忌酒和骆驼烟、知名和不知名的人，都是些白天睡觉晚上讲话的家伙。这令伊夫激动不已，而当他自己做这些事情的时候，它们却让他精疲力竭并最终毁掉了他。夜晚的现实令他衰弱不堪。但又怎么样呢？所有这一切，依然是巴黎！

然而很快，事情发生了变化，变得糟糕起来。同性恋者沉溺于奇装异服。"同性恋力量"确立。色情酒吧（Sex bars）胜出。俱乐部时代终结了，像在圣安娜街七号一样在自己家中举行派对也一去不返了。吊袜腰带被人穿到了大街上。胡须招摇过市。人们对裙子不再感兴趣。肌肉。所有这些并没有激发圣洛朗的创作灵感。这不太像他心目中的巴黎。神奇的闪光片和大型演出将变成什么样？

1983 年，为了庆祝他创作生涯二十五周年，记者黛安娜·弗里兰在纽约的大都会博物馆（Metropolitan Museum）组织了一场圣洛朗作品展览。借此机会她给他发电报说："伊夫，你是当今整个时尚界的试金石。你完全属于法国，你是最最纯粹的巴黎时装设计师。当我和你在一起，我就

---

① 上世纪六七十年代美国及西欧对社会现实不满的颓废派青年，其特点是留长发、穿奇装异服、酗酒、吸毒等。

仿佛置身巴黎。你蕴藏并呈现着这个世界上最美丽城市的所有神奇和魔力。"

时遇弄人，恰恰在那时，灯光、演出、文化、盛大的节庆、无限的自由、假货以及时尚本身转移到了另一座城市。时尚之都不再是巴黎。一个新世界诞生了，这个新世界以新大陆①的真正中心纽约为中心。伊夫对巴黎的依恋犹如对旧情人的一往情深，但他也爱上了纽约。纽约成了他审美幽灵的新的化身。这个出身于阿尔及利亚的巴黎人的幻想转移到了这只大苹果上。

"香槟"香水和它所受的磨难见证了这一切。

为了推广这款香水，圣洛朗撰写了如下文字，同时也表达了对巴黎往日光荣的怀念："无论这种光荣属于共和国、帝国还是王国：我热爱这种光荣。它是一个节日。我热爱这个节日。它充满着欢乐。它光泽闪烁。它耀眼夺目。它星光熠熠。香槟酒杯、黄金烛台、金碧辉煌的房屋和装饰。光荣只能被设计成金色。金箔式的金色。它历史悠久，驰誉百年。它制造了喧哗的噪音，许多噪音。它发出不和谐的声响。它摧毁一切。它藐视一切。它风行全球。它扰

———————————

① 指美洲大陆。

乱一切。这种光荣，我一直梦寐以求。它磨练我的意志，洗涤我的灵魂，净化我的心灵，使我散发出清香。我是被钉在这位女英雄胸前的雕像。这个半神半人的女英雄几乎就是位女王，她的名字叫做光荣。"

这种光荣是如此契合巴黎！然而六个月后，圣洛朗不得不从他的香水瓶上摘下"香槟"商标。1994 年 1 月，在路易·马里亚诺（Luis Mariano）的《巴黎就是一杯香槟》（*Paris, c'est du champagne*）的歌声中，他发布了他的夏装系列作为报复。极其拙劣！但这不过是表示轻蔑。真正的反攻将在纽约展开。为了在大西洋彼岸推销他的香水，贝尔热在那里组织了一场巴黎无法举办的庆典。船、蓝色水面上的红色地毯、两万支白色蜡烛、一千瓶柏林格（Bollinger）香槟酒，两千位美丽、富有、出名并经常化妆的男士和女士。微醉的圣洛朗把纽约誉为"和香槟酒一样闪耀的城市"并向它那新生的光荣表示敬意："一些事物在此诞生，周围的气氛充满了创造精神。另外，全美国都变得兴奋。我一直对我们对于他们的文化尤其是对于好莱坞的优越感到奇怪。也许正是他们的广阔地域使他们如此生机勃勃。"

总之，在被上海、米兰或者伦敦超越之前，纽约将是二十一世纪的巴黎。未来的格鲁、多梅尔格、考克多、迪奥、毕加索或许已在那里进行着创作。伊夫很早就积极开拓美国市场，这可谓是一种预知、一种表白，也可能是一种合作的行为。美以及服务它、改造它、使它与自由结合、力求创造出新事物的人是不分国度的。法国是了解世界的一种途径。在其他城市之后，巴黎把它的光辉归于这种探索并因此能够引领时尚。这曾是一个机遇，令人着迷的机遇。但是这个时代结束了。另一个世界破壳而出，带来了另一些中心和另一些规范。必须积极面对、努力适应，而不是哀叹逝去的光荣。

昨天，莎拉·伯恩哈特感动的人比玛丽莲和嘉宝的合起来还要多；明天，世界也许会为一名女子网球运动员而疯狂。那太好了。在一次扣球中也是如此，生命的运动令人赞叹。而纽约是这一运动以最明显的方式充分发展的城市。精灵在那里喘息，人们在那里生活。相反，在巴黎，灯火被熄灭。伊夫知道，巴黎，就此完结了。即便全世界都是他的王国，他仍感到痛心。两年前，他在巴士底歌剧院（Opéra-Bastille）为他的公司庆祝三十周年庆典。一百三十位模特儿走秀。晚宴时，年迈的大师被凯瑟琳·德纳芙和维克托（Victoire）围住，后者是他的创作生涯之初最钟爱的模特儿。和他同桌用餐的有已经感染艾滋病毒并在一年后死去的鲁道夫·纽瑞耶夫。大家互相道贺。但《华尔街日报》（Wall Street Journal）却称之为"一名老战士在一个废弃城市的退隐"。

2001年5月，贝尔热在巴士底狱（la Bastille）庆祝5月10日二十周年，这一天是弗朗索瓦·密特朗战胜瓦雷里·吉斯卡尔·德斯坦的纪念日。站在其队列的顶端，这位天才的瘦弱的臂膀感受到了岁月的重量。眼前的一切浸沐着古老的气息。只有那些名字令人想起另一个世纪。作为左岸幽灵军队的杰出统帅，贝尔热激励着他的世界。他想要卖掉他刚刚在斯托克出版社出版的《盘点密特朗》（Inventaire Mitterrand）。但实际上不再有人关心这件事。公众为欢庆所作的准备全都白费。鞭炮受潮发霉，小香肠落落寡欢。走过路面上的木屑，甚至连早上的马路清洁工都觉得彩色纸带卷哀婉动人。巴黎，巴黎究竟去了哪儿？

9. 缝纫维持生计

梅维尔（Melville）在他的一部电影里展现了日本武士的不安，这种不安类似于丛林中的老虎。但人们是否能想象变色龙在树木稀少的热带草原上从沙漠走到番木瓜再走向木槿属植物的紧张？它总是比弗雷格利（Fregoli）① 适应得快，否则就可能被吞食或不再是自己，就如同瞬间迫使你们变换心境一样！对于具有拟态特性的动物而言，这种特性是生理反射还是计谋策略？是必需还是乐趣？是逃避捕猎的方法还是自我求生的智慧？这位女装制造商也面临着同样的问题。他必须随时随地感知并体现潮流的最新变化：任何过于突然的提前或者滞后，如果没有迅速地适应并随后跟上，都可能危及他的生存。有一天，伊夫将高喊："当人们无能为力时一切也就结束了。人们不能要求别人无

① 十九世纪意大利音乐剧演员，以擅长在舞台上迅速变换造型著称。

止境地创作下去！"

然而对紧急情况的适应并非全部。变色龙有它本来的颜色。这种颜色是什么呢？能够发现它吗？这便是圣洛朗的全部故事。四十年来，他的作品适应了各个阶层的需求，尽管变化众多，但他设计的服装看上去仍如出一家、系出同门、具有某种永恒的东西。正因如此，这位裁缝成为了时装设计师。

圣洛朗耐心寻找并提升着自己的创作路线，为的是在其职业生涯的沉浮中长盛不衰，简单地说就是为了生存。在他的公司诞生四十周年之际，他为他的夏装系列编排了一个特别的节目。为此，他发自内心地写道："最困难的探索是寻找自我，毫不妥协、诚实正直地寻找自我。我花了四十年时间寻找自我，即便到了现在，我还时常在寻找。"

相较于其他人，这对于那些被娇宠的孩子而言或许更为困难。生于富贵之家还可以被接受，但要了解二十岁时就取得的成功连最吃苦耐劳的人都会感到吃力。在那个年纪，无论您在法网赛场①、在金融界、在滑雪场、在时尚圈还是在法国称王，加冕的第二天麻烦就来了。别人只会让

---

① 原文为罗兰·加洛斯网球场（Roland Garros），那里是法国网球公开赛的比赛地。

您失望，只有竞争才能使您获得帮助。当人们在卡皮托尔
（Capitole）开始，塔尔皮亚（Tarpéienne）岩石就永远不会
遥远。从梯形裙装获得成功之日起，圣洛朗便成为了时尚
历史的转折点，其间经过了几年的沉寂，但伊夫的天才之
处就在于总是能够从逆境中重新崛起。弗朗索瓦兹·萨冈
总结得很好："当然，每年，人们都会开始说他的作品变差
了，他完了，他在走下坡路了，他的生命将和他的画笔一
起耗尽；每年人们都会以为他将为他的朋友和时装业而死
去，每年人们都会生产他设计的第一套服装，那套服装虽
然愚笨又混乱，但凭良心说，它确实令人心醉神迷。"

　　他遭遇的第一个意外的困难发生在 1960 年底。入伍。
神经性的抑郁。巴黎把他遗忘。巴黎不再爱他。一年之后，
他以其第一套时装在斯蓬蒂尼街获得了成功。溜溜球般的
游戏开始了。

　　在随后的职业生涯中，他的高峰多于低谷。蒙德里安
系列与成衣的革命迅速使这位年轻的大师成为了高不可攀
的人物。但评论界时不时会表示不满。1970 年，迷你裙感
觉自己遭到了背叛，因为圣洛朗选择了长裙。迷你裙侵犯
了他。他是侵略者的一分子吗？他应该为自己辩解、为自
己澄清，他是解放者，希望回到二十世纪五十年代。1971

年，情况更糟。为了反对中性浪潮，他在过道里放置了无数闪亮的、彩色的、挑衅的、轻佻的甚至漫画般夸张的作品。这就是"解放"系列。完全看不出之前他所鼓吹的舒适感，有的只是极端和过激。然而此次煽动未被接受。专业专栏编辑们感觉受到了侵犯。他们成为了他激烈的滑稽模仿中的逆流。一种过分的颓废。一些人犹豫着发出了嘘声，另一些人则离开了大厅。这是一顿乱棍。神童失去了对尺寸和优良品味的感觉。人们不再认识他。此前把他捧上天的美国人开始称他为"覆灭了的伊夫·圣洛朗"，"巴黎最丑陋的秀"。

一连数日，大师都在赌气。他甚至在《世界报》上撰文说高级时装"老太太"已不再使他感兴趣，他以后将致力于成衣制作。这当然只是不会兑现的醉汉的诺言。他的笔已经准备好了。通过此次小题大做，他掀起了他从未触及的仿古风潮，这种风潮在随后的岁月里将成为主流。很快纽约就会宣布："古典即时尚！"

这里我们不再重述四十年间的高低起伏。——赘述反而令人生厌。从1973年起，美国就把伊夫誉为"七十年代的夏奈尔"。《女装日刊》断言："伊夫·圣洛朗的时装系列是一种胜利。它高雅而又柔顺，精致到了极点。"

每年接踵而至的时装式样都差不多。1975年和1976年，内行的人和其他人都为之痴狂。但到了1978年，新的危机产生了。圣洛朗那刺目的"化学"的色彩令人厌恶。所有人，不论是老成持重还是年少冲动，都把牙齿咬得咯咯作响。他们认为伊夫和他那些没完没了的文学参考早已过时。时尚之舟就这样行驶在暗算和拥抱之间。

然而，随着时间的流逝，尤其是从上世纪八十年代开始，赞扬之声逐渐消失，取而代之的是一些充满敌意的话语。民众具有打木偶游戏的本能。木偶有两次令他们高兴，一次是它们被竖起来的时候，另一次它们被打倒的时候。1984年，让·保罗·戈尔蒂埃仿照他哥哥的样子，从街头得到启发，挑起了孤注一掷。他直截了当地攻击伊夫："圣洛朗的服装不过是些漂亮的过时货，有些甚至土得掉渣。"

大师不再上报纸的头版。其他的煽动者和发明者取而代之。但他们经常实施他的原则。1986年，掀起了一股小饰品的潮流：卖出了一千两百万只的斯沃琪（Swatch）手表。但从事有氧运动的女性并不穿着圣洛朗设计的服装，也不能激发圣洛朗的创作灵感。在她们和他之间似乎存在着一种分歧。他抽烟太凶，看上去太理智，皮肤不够黝黑。从那时起，报界不再因圣洛朗的极端而嘲弄他，因为他已经在他们眼前消失了。他的一位老主顾苏茜·麦肯丝（Suzy Menkes）在 1991 年写道："与拉克鲁瓦（Lacroix）和拉格菲尔德的作品相比，伊夫·圣洛朗的服装系列已经死亡。毫无新意可言。"不久，这位日渐衰老的国王又遭遇了侵袭整个法国时尚界的疏远。1994 年，纽约的拉法耶特百货商店（Galeries Lafayette）关门。在成衣领域，阿玛尼、夏奈尔和温加罗（Ungaro）的销量超过了圣洛朗。一些人已经将他掩埋。然而，在同一年，他的秋冬高级时装系列引发了"持续的欢呼"。常青树苏茜·麦肯丝这回说道："圣洛朗重又称王。"马尔索大道的狮子早已习惯了这些全力以赴的卷土重来。五年之后，就在他于纽约获得了他作品集的一个奖项后，他又以他的冬装系列令公众震惊。甚至他的对手汤姆·福特都觉得那套作品"无懈可击"。人们谈论着极简主义中的高尚优雅。这是高级时装的魅力所颂扬的成衣的舒适。用美国人的话说就是"*easy look*"。

所有那些苦难的岁月同时也是获得认可的岁月。人们赋予了这位设计师一切可能的学院式荣誉。他很早就适应了这项令人厌烦的工作。1958 年 1 月 30 日，梯形裙装的热度刚刚退去，他就获得了内曼·马库斯奖（Neiman Marcus Award）。但真正的颁奖直到上世纪八十年代杰克·朗入主位于瓦卢瓦（Valois）街的文化部时方才举行。那是坎昆（Cancún）时代①。路易十四的左派法国想要告诉世界如何通过文化来重新推动经济的发展。在这一思想下，令人惊叹的杰克把国家的学院派扩展到了此前一直被认为毫无意义的领域，例如漫画和时装。

为庆祝圣洛朗公司成立二十周年，美国时装设计师协会（Council of Fashion Designers of America）在利多夜总会（Lido）授予了他国际时尚奖（International Fashion Award）。三年后，在巴黎歌剧院，他以其全部作品获得了最伟大时装设计师奖。2001年，在帕勒莫（Palerme），他又继博尔日（Borges）、布莱（Boulez）、卡蒂埃－布列松（Cartier-Bresson）和贝聿铭之后获得了金玫瑰（Rosa d'Oro）奖，该奖项专门授予文化领域的杰出人物。与此同时，他进入了博物馆。1983年12月5日，二十五年创作生涯作品回顾在纽约的大都会博物馆展出。这是该著名博物馆第一次给予一名尚在人世的时装设计师的作品如此的礼遇。圣洛朗的作品从被限制到大受欢迎。展出美妙绝伦。

---

① 1981年10月22日，在墨西哥著名旅游城市坎昆召开了第一次包括中国在内的十四个发展中国家和八个发达国家的国家元首或政府首脑参加的"关于合作与发展的国际会议"——"坎昆会议"。"坎昆时代"是指坎昆会议后经济全球化的新时期。

设计师在开场所呈现的表演令人赞叹。女性观众齐声尖叫：
"伊夫·圣洛朗，这就是巴黎，精华中的精华。"截至 1984
年 9 月 7 日，展出共接纳了一百万名参观者。不只如此，
1985 年，在北京，展出又吸引了六十万名观众；1986 年，
在莫斯科，二十六万人前来参观；1986 年，巴黎，十三万
两千人；1987 年，列宁格勒，二十四万人；1987 年，悉
尼，十万人。

多亏了与杰克·朗和弗朗索瓦·密特朗的关系，皮埃
尔·贝尔热也成功地在卢浮宫的方庭（Cour carrée）将时
装展示变成了国家展览。而且，1986 年 1 月 28 日，共和国
总统亲自在玛桑阁（Pavillon de Marsan）为时装艺术博物
馆（musée des Arts de la Mode）举行了落成仪式。该博物
馆的第一次展览便献给了"伊夫·圣洛朗和戏剧"。伴随此
次展览推出了两本著作，一本是由贝尔纳-亨利·莱维
（Bernard-Henri Lévy）作序的《伊夫·圣洛朗的伊夫·圣洛
朗》（Yves Saint Laurent par Yves Saint Laurent），另一本是由
埃德蒙德·夏尔-鲁作序的《伊夫·圣洛朗和戏剧》（Yves
Saint Laurent et le théâtre）。弗朗索瓦兹·萨冈、弗朗索瓦
兹·纪荷（Francoise Giroud）、里卡多·波菲尔（Ricardo
Bofill）、鲁道夫·纽瑞耶夫、亚历山大·利伯曼（Alexan-

der Liberman）以及凯瑟琳·德纳芙对这两本书贡献尤多。密特朗总统到场发表了简短的讲话："作为服装的启示者和日常生活的导演，时装业已被公认为一门艺术。这是现代生活留给我们的美梦的一部分。这个美梦刺激和伴随着一个广阔的市场，而这个市场又对我们的工业活动和法国的商业影响作出了很大的贡献。把创作和企业相结合，时装业是我们国家的一条未来之路。四分之一个世纪以来，伊夫·圣洛朗创造的服装式样和色彩可以载入时尚的史册。他是在世界上传播法兰西特色的使者之一。在我们发现他的才华之前，时装艺术博物馆就在不同的季节一次又一次地让我们感受到这一才华是何其巨大。"伊夫就像"普鲁斯特式的花花公子"（贝尔纳-亨利·莱维的说法）一样获得了大量的溢美之词，同时也和皮埃尔一起不断收获着各种奖章。1985 年，他们获得了法国荣誉勋位团（Légion d'honneur）骑士勋章，接着又被授予了中华人民共和国纺织工业部高级顾问的称号、魏茨曼科学研究院（Institut Weizmann des sciences）的金质奖章和荣誉证书以及法国国家功勋团（Ordre national du Mérite l'Ordre national du Mérite）勋章。伊夫唯一没有获得的荣誉是金顶针奖。该奖项每年由巴黎记者组成的一个评委会颁发，而他一直拒绝听命于这个评委会。最后他即使没有在生前被人们立像，但至少也和国王或皇帝一样被印上了钱币。1999 年 12 月，巴黎的钱币工厂压制了十万枚五法郎的硬币和一千枚五千法郎的金币。别再扔了！

然而，与此同时，艺术家圣洛朗也感到了苦闷和犹疑。他的成功并未使他满足，而其挫折却经常令他痛苦，要么使他失去目标，要么他想做的事情不被允许，这对于一个时装设计师而言是最大的失败。真正的问题被苏茜·麦肯丝在抨击圣洛朗 1991 年的服装系列时无心地提了出来：圣洛朗的作品中有何创新？她在其中稍显草率地回答道：丝毫没有。我们可以换个角度来看问题。假如圣洛朗逐渐发现的新服饰是另一种性质呢？假如这种新服饰追求的是创意、惊人以及在他职业之初发展起来的一切事物以外的东西呢？事实是在提炼自己的才华和肯定自己的技术的同时，圣洛朗通过时尚和对其需求的屈从找到了超越时尚的东西并同时让它存活：他找到了一种风格。

他以一个艺术家的身份寻找着这种风格。不停地寻找，毫不退让。从他创作生涯之初就热切关注着他的摄影师皮埃尔·布拉（Pierre Boulat）肯定道："面对圣洛朗，我只看到奥逊·威尔斯（Orson Welles）。他们同样无比诚挚地对待真实和虚假，没有任何的谎言。"

他也像手工艺者那样寻找着这种风格，尽力回答材料和技术向他提出的问题。这有时并不简单，需要在因特网上搜集各种抗皱的新型合成材料。他搜索的结果可能是成功、失败，也可能是竞争。职业生涯的初期刚过，"巨童"便出现了自满的倾向："我陷入了一种传统的优雅之中。是葛茵姿（Courrèges）把我救出。"葛茵姿绘制了上世纪六十年代的宇航员，白色塑料的芭芭丽拉（Barbarella），穿着闪闪发光的长统靴。从午睡中醒来后，圣洛朗对自己说："我可以找到更好的。"正是在那种情况下他推出了"蒙德里安"系列。随后到来的是成衣、对女性身体的发现、舒适、与日常生活相适应的功用。他设计的长裤、撒哈拉短袖上衣和吸烟装开始流行。但是这一次，他自己明白不应囿于一种体系。1971年，他开始与过度的安逸和朴素作斗争，与每日假想生活的束缚作斗争。并非是他否认他的那些经典作品，而是新兴资产阶级的实践以及后嬉皮士的"生物巴巴"令他感到厌烦。他恢复了无故而昂贵的高级时装，就像回到了迪奥的时代："很难建议人们像在工作中挑选工作服那样在生活中选择同一种款式的服装。当然，人们不得不考虑这些。我也是，我得向现实进贡：直到现在，我所做的一切，都是些严肃、负责的‘适应性’服装。但这已经不够了。人们需要欢乐、幽默和无缘无故。时装同时也应是节庆，它应帮助人们游戏，改变，稍许补偿这个他们被迫生活其中的如此可怖、灰暗、严酷的世界。也应为他们的梦想、他们的逃避和他们的疯狂置备服装。”

正是由于类似的原因，六年之后，他准备略微减少吸烟装的设计以彻底迷恋于性欲过剩的茨冈女人："我并不否认我所做过的东西。除了西班牙女人之外，穿长裤的女性并未过时。但我想表明，得体的穿着方式并非唯一。尤其是，我感到代表前卫、解放和自由的男性方面已走进了一个资产阶级的圈子。必须从中走出来。"

最重要的时刻到来了。圣洛朗拒绝局限在自己的发现或自己的倾向中。他知道，时尚比想法变得快，因此必须比时尚改变更快才能保持自由。必须超越时尚！也正是在这个时候，不合常情地，他准备回到自己刚刚批判过的舒适的男性化服饰，因为这对于他而言是超越时尚的方式："时尚过时了，但风格仍继续。我的梦想是为女性提供所有经典服装的基本款式，这些款式超越了目前的时尚，能赋予她们一种更大的自信。我希望能使她们变得更加幸福。"

就这样，在对适于让女客户幻想和思考批判的审美离题抱有极大兴趣的同时，他总是顽强地回归他的经典款式并加以改善。他的方法是："从我自己的根基、自己的时装系列中汲取灵感，这些系列形成了我的风格，我通过对它们的挖掘和再加工反复采用它们。那阔条法兰绒上衣、那撒哈拉短袖上衣、那女式裤装、那简练的宽肩套装，总之，我们这个时代的经典款式将永不过时。"

在时尚界中，某些女士将花费一点时间来了解圣洛朗。有位隐约带着优越感表示关心的女记者会认为他的作品"十分经典"。他会用教育家的口吻来回应她："是啊，否则我就不是一名伟大的时装设计师了。"

10. 逃跑的死刑犯

布列松的电影记录了上世纪五十年代。和所有人一样，伊夫·圣洛朗被判了死刑，对这一点他比其他人更清楚些，他将终其一生不停地逃亡，为的是在日后重新出现。如同魔术师的兔子和鸽子，它们离开以后会去向何方呢？

圣洛朗不再露面，一开始人们并不知道。然而，在一段时间里，他的离去持续了太久。媒体进行了猜测。它们喜欢谣言。在六十年代末，有人说麦卡特尼（McCartney）已经死了。从 1976 年起，轮到这位过早获得荣誉的孩子引起公众的议论了。很久以来，人们一直认为他服用了太多的药物，十五片阿斯匹林、无数颗药丸，在喝威士忌酒的时候一并服下。这是表明事情不妙的一个征兆。但还有一些新的东西。12 月，他向《观点》杂志（*Point*）吐露："我受不了了。我病了，病得很重。"

次年 1 月，一位女记者发现他的气色很差。人们获悉他在讷伊（Neuilly）的美国医院住了好多天。孩子们是脆弱的，尤其是当这一切老去的时候。1977年3月，在时装展的开幕日，知情的人们低声说不用多久一切都将结束。记者们聚集在马尔索大道周围，如同西部片中的秃鹫。贝尔热没有其他办法揭穿谎言，只得把其中一些记者硬拉进工作室："伊夫，快动一下你的手臂表示你还没死。"

《观察》（Observer）最后以"伊夫还活着"为标题载文。

这是一个信息，可卡因。他并未患任何"危机生命征兆"的疾病。那么，他去医院做什么呢？皮埃尔·贝尔热不得不承认："两年来，他一直饱受神经抑郁的困扰，他需要一年的治疗来获得彻底的康复。"

伊夫的妹妹布里吉特（Brigitte）证实："人们给他吃很多镇定剂，他不能讲话。"

五年之后，伊夫自己说道："由于这种妨碍我生活的无边的焦虑，也许有一天我将被迫停止。我不再活着，我被完全禁闭了起来。夜晚我不出门。我与外界没有任何联系。我渴望过一种正常的生活，据说那就是大创作家的生活。"

上述声明真的是发自内心吗？事实上，这隐含着一种矛盾的愿望。他对帕洛玛·毕加索说道："如果我曾是你的父亲，我将可以放弃一切。但在这一点上，你理解的，我有一家公司。"

对员工的责任和对创作的迷恋驱使他继续着他的职业："我曾想要放弃一切，但高级时装是我无法舍弃的情人。再者，我感到自己对那些为我的成功和我的公司付出辛勤劳动的人们负有责任。既然我可以因成衣而维持这一深渊，我就应该继续。"

这几乎是一个圣职。当他准备夏季时装的年度大赛时，他说"我进入了成套服装"，就如人们进入宗教一样。这种退省使他与僧侣、病人、骑士和高水平的运动员相像："在每套时装首次亮相时，我都会仔细地保护和激励自己。我爱我的朋友，但我很少见到他们，因为我不得不遵守一些医学上的规定。声誉带来了孤独。因为自己被关在一个世界里无法出去。"他抱怨，但他并非真的想停止。他必须感到自己的力量和能力逐渐下降以便从高级时装联合会的日历上退出，并且除马尔索大道之外不再展示他的模特儿。那将是很久以后的事了。这第一次退缩发生在他最终消失前六个月，同时他还承认："我无力再组织时装表演了。在这种喧嚣的场合我感到喘不过气来。"

然而他的消失、他的退隐、他的一时冲动，都与他的职业没有直接的联系。抑郁症时常发作，失踪成为了家常便饭。大师变化不大，依然总是从阴暗处突然出现，穿着黑色衣服，打着深色领带："那是四十岁后唯一穿戴的东西。"

他不再去奢华酒店，每周都去见五次心理医生。那么发生了什么呢？谣言再起："似乎皮埃尔·贝尔热把他禁闭了起来。"

难道真如他的老友苦笑着说的那样，隐居的时装设计师"被剥夺了外出的权利"？不，那是他自己放弃的。他身上的某种东西力图把他和世界隔开。皮埃尔·贝尔热断言："以某种方式来说，他生来便具有一种神经性的抑郁，但他并不知道那叫做抑郁。伊夫是一位艺术家，他带着他所有的焦虑不断寻找着一种完美中的完美。"

以上那些是媒体报道的版本。病人的妹妹布里吉特的证明并不确实："伊夫一直很抑郁。1976 年，事情并没有真正改变。在他需要的时候，我总是去看望他。但从一开始我们就被分开了。而且我认为有人向我们隐瞒了许多事情。"

那个人是谁？隐瞒的又是什么事情？当时和伊夫出入于同一些夜总会的卡尔·拉格菲尔德肯定地说："他周围的

人使他相信现在他已是位老先生了。"

不堪骚扰的皮埃尔·贝尔热终于松口说出了隐情。1976年，伊夫决定"逃学"。他的情人先是生气，接着又离开了他们同居的住所，并且解释说："有酒，有可卡因，还有安定药。从此以后，伊夫再也无法恢复健康了。"

于是圣洛朗扮演起了被埃涅阿斯（Enée）抛弃的迪登（Didon），他自愿变成了一个奢侈的流浪汉，并且沉溺于自己的失败之中。皮埃尔·贝尔热评论道："伊夫曾开始过一种自毁的生活，这种生活是我所不愿意见证的。正是在那一时期他爱上了圣安娜街七号，爱上了夜总会。"

那一时期，他和新情人们上演了一场悲剧电影、一种越来越危险的向前奔逃。直到他筋疲力尽。他身边的人们担心他吗？他的添枝加叶、他的自我摧残、他的身体衰弱几乎到了极限。这一切的进行并非未遇反抗。在1977年4月的"左岸"时装发布会上，谣言使他怒不可遏："我对自己的死亡毫不在乎。让人不舒服的是，所有那些人，甚至连我的朋友都打开工作室的门来看我是否还活着。"

然而，自毁的进程的确在发生。他的无所谓更加速了这一进程："我不惧怕死亡。我知道死亡随时可能袭来，但奇怪的是，我自己并不觉得死亡能够搅乱我的生活。"

不过，随着时间的流逝，死亡渐渐渗入并侵蚀着他不久以前还十分结实的身体。一年一年地过去，青春真的一去不复返，衰弱不再是一出喜剧，并总有一天会显露在世人的眼前。步履变得沉重，目光变得呆滞。逐渐老去的大师染上了病态的躁狂。当人们更改某一系列时装的出场顺序，而这种更改不利于他所偏爱的模特儿时，他都会孩子气地发火。他暗暗跺脚："我很不高兴。"

　　此次时装表演过后，他的保镖把目光呆滞、嘴唇鲜红的圣洛朗护送了出去。吃饭的时候，情况并没有好转。在餐厅里，人们看到他几乎瘫倒在桌布上，无法自如地使用餐具。午饭后他有时会睡一会儿，嘴里叼着香烟，醒来时袖子已被烫出了洞。他搜寻着他的语汇。药物使他丧失了记忆。他锁起他的陈列柜，因为他认为仆人会偷走它。他的目光依然专注，然而，尽管他能洞察一切，包括替时装模特儿打扮的服装员的最小的错误，但是身体已不再跟得上，心力也不再过剩。他窃窃私语："我曾是一个充满激情、极易感动的人。而如今，我过着隐士般的日子，社会生活已不复存在。"

　　他不再看电视，不再读报纸。他觉得自己与世界隔绝了。他几乎已记不得自己的年龄。在他的电话机上，只有一个键被标成了红色的"Psy"。他的司机跟随着他，如同一个知己、一个狱卒、地狱幽灵。不知是出于自愿还是受人强迫，他周期性地开始戒毒。他时常唠叨或者开玩笑："我开设了两家疗养院，但我并不向你们推荐它们。"

不管怎样，他出疗养院的时候都会变瘦。他重新有了精神。但他总是戒而复吸。1990 年夏装系列之后，他把他的伙伴都召集到巴比伦街吃饭庆祝。皮埃尔·贝尔热殷勤地接待了他们。伊夫当时的情人也在其中。唉，夜间的一次电线短路使大师的卧室化为灰烬，包括他的一些小摆设和纪念品。他又退缩了。他过度饮用可乐，重新肥胖起来，成天梦想着土耳其浴室和休假，一动也不想动。厄运接连袭来。在世界和他之间存在着他形成的生活。能够解释他那经常性的忧郁的不是他的心事、不是他的性欲，也不是他的职业。深渊的尽头存在着其他的东西。孤独的眩晕萦回在他的心间。

证据呢？当一切似乎都还在他向他微笑时，他却已开始消失。他的消失开始于马拉喀什乐土的深处，在皮埃尔为了休闲和安宁而精心布置的一处僻静之所的中心。那时他和亚历山大（Alexandre）年龄相仿，戴着大大的印度披巾，不戴眼镜。马拉喀什以其粉红色的雌骆驼皮及其神秘的尘埃而如毒品般地吸引着他。

"我出生在热带国家，因此在那里我感觉很好。在我眼中，那座城市是捍卫尊严的最后的堡垒。"

他和皮埃尔一起在麦地那中心买了一栋房子，构筑起他们的爱巢。这栋房子配备齐全，什么也不缺。雪松木制的遮窗格栅、席子、蜡烛盘，简直就是一个专卖当地物品的阿拉伯市场。尤其是那里经常高朋满座，甚至包括一些真正的朋友。在那里，伊夫有时显得很高兴，有时则表现得疯癫或阴郁。尽管有着白天的光辉和夜晚的炎热，他还是经常和他的老朋友们一起分享心事，在绿色的方格中间，等待黎明的到来。沉默寡言的仆人们非常了解他："他来这儿是为了忘却。"

忘却什么呢？在他们购置了第一套住宅后七年，伊夫和皮埃尔一起搬到了一座装饰艺术的别墅，四周环绕着木槿属植物和叶子花。关于这对恋人的到来，当时的一位目击者说："他们仍然很幸福。"

真的有问题吗？

1984 年，在上世纪七十年代的喧闹过后，皮埃尔终于悔过，这对老情人又在帕尔默雷（Palmeraie）买下了马若雷尔（Majorelle）别墅。花园经过了悉心的布置，室内家具也都是精心挑选的。但这座别墅非常大，经常空荡荡的。伊夫从此更青睐于其他休憩场所。

最初是他位于巴比伦街的公寓。这座公寓如同一座博物馆。伊夫定期把物品从那里搬出去。这给了他们一种新的生活。

还有他们在多维尔附近买下的加布里埃尔城堡。皮埃尔按照伊夫的意愿把那里的装饰布置成普鲁斯特的风格，并且在那里堆放了很多曾属于诸如比利时国王、夏奈尔、玛赫·梅迪克伊斯和奥地利大公等名人的物品。两位审美家在他们的鹰巢里填满了伊夫的审美幽灵授意给他们的随想，以至于他可以在里面像普鲁斯特、包法利或维斯康蒂一样闲暇。巴比伦街则由考克多掌管，那里有一眼"冒泡的泉水"，野兽向美女呈现了这一美景[1]。在多维尔，伊夫再现了玛格丽特·杜拉斯（Marguerite Duras）的电影《印度之歌》（*India Song*）中的房间景象。或者，想象着维斯康蒂，他让人种上了冷杉树并挖出了一个类似于童男国王溺死之地的湖泊[2]。这些探索考究到令人窒息。皮埃尔为他

---

[1] 1946年，考克多拍摄了著名影片《美女与野兽》。

[2] 1972年，维斯康蒂导演了电影《路德维希》，讲述的是巴伐利亚国王路德维希二世的历史故事。路德维希二世终生未娶，不到五十岁便结束了充满幻想的生命，淹死在宁芬堡广场前的喷泉池里。

的直升机布置了一条降落跑道，伊夫逃进了他那幻想的办公室中。

从圣彼德堡（Saint-Pétersbourg）回来后，他们在加布里埃尔公园里建起了一座茶亭，茶亭的式样参照了彼得大帝（Pierre le Grand）在卡累利阿（Carélie）地峡建造的乡间邸宅，不过也加入了他们个人的笔触。如果说原木来自西伯利亚（为什么？），那么彩绘玻璃窗则是19世纪的法式风格。建筑的灵感来源于维斯康蒂。他们尽可能地填补着退隐的无聊。

因为伊夫感到无聊。生命在这个装饰得过于华丽的安乐窝中几乎不再悸动。大师无声地在那里游荡，如同一具行尸走肉，等待着世界末日的来临。就在卡拉斯去世之后，他有了一种预感并写道："这种突如其来的沉寂是如此可怕、如此空洞、如此悲惨地令人担忧，以致我不禁想到，你的声音的死亡是一种命运的预兆。这种预兆预示着我们即将走向末路。这是世界的尽头，而你则是这个世界的最后一次欢庆、最后一身华服和最后的火焰。"

在这充斥着尊贵亡灵的寂静中，他感到窒息。他需要更多的自由和更多的独处。他请室内装饰家雅克·格朗日在布雷托耶大街（绿色的世界）布置了一间工作室。一种

"安东尼奥尼（Antonioni）式的氛围"，只有几把大皮椅和一些装饰艺术。他在那里支配着巴黎，支配着它的建筑和灯光。在这间工作室里他可以自由地呼吸："我需要它，就像需要一处庇护所。我们不能再被无休止地纠缠和侵犯下去了。"

他去那里写作。他有此需要。那是他的"治疗方法"。对他来说，没有什么比这更重要了。那本从他感到危机开始写的书，没有任何情节，他没有谈论时尚，而是谈论他自己，谈论他那深深的憧憬："我感到这本书永远也写不完。实际上，要想终结它，我就必须病倒，如普鲁斯特那样病倒。"

他将得偿所愿。一天，过度饮酒和服用可卡因后，他摔断了手臂。变得迟钝且几乎丧失意识的他持续虚脱。他的摩洛哥仆人拉着他，向医生发出了求救，之后漫长的戒毒过程终于结束。这一回，他真的戒了毒。后来他说："现在我更好地理解了我过去的生活。我彻底地否认那种生活。除了我的青春和几年的幸福时光，我愿意为今天的生活而忘掉往昔的岁月。"

"我的生活发生了变化，变得快乐多了。我再也不会像以前那样，有时一连三个星期都深陷不幸之中，消沉到了极点。我不知道为什么，因为我热爱我的职业。我进行了一项心理疗法。"

1991 年 7 月，他接受了弗朗兹－奥里维耶·吉斯贝（Franz-Olivier Giesbert）和雅妮·萨梅（Janie Samet）为《费加罗报》所作的大型访谈。访谈中他试图自我剖析。他谈论了一切，酒、毒品、兵役、戒毒、同性恋。他的朋友露露无法相信。她嘟囔道："糟糕的精神分析！甚至不是出自伍迪·艾伦（Woody Allen）之口。"

尽管否认了自己的放荡和逃学行径，但伊夫实际上并未就此获得安宁。他总是感觉受到过多自己不喜欢的东西的强迫，被人们对他的种种要求所包围。他总是感到需要一种自由，这种自由是他认为自己所没有的。他在物质方面的忧虑都由其保护人皮埃尔·贝尔热来处理，那么是何种神秘的力量使他觉得"被无休止地纠缠和侵犯"呢？这个问题的答案是毋庸置疑的。圣洛朗唯一的敌人就是他自己。正是他自己把自己囚禁起来进行折磨。我们可以从他吐露的隐情中摘录出一部可怕的诗集："他对别人没有兴趣。他过着完全自给自足的生活。（……）伊夫在生命中只遇见了一个人，那就是他自己。他对自己感到厌倦——他的自恋和自大使他无法选择其他人。（……）这是一个心灵的残疾者。"

老去的爱情的痛苦和长期共同生活的辛酸赋予了这些从其背景中产生的表白以一股极强的力量，然而这些表白却围绕着一个事实。尽管接受了治疗，但圣洛朗依然无法忍受和自己一起生活。1997年，他无意中说道："我最大的缺点？就是我自己。我越来越孤独。我不能出门。我害怕外面的世界、街道和人群。只有在家中和我的狗、我的笔和我的纸在一起，我才感到舒适。"

舒适吗？舒适到了绝望。神话中，那喀索斯（Narcisse）俯下身子，出神地凝视自己在水中的美丽倒影，结果却掉入水中淹死了："那喀索斯之所以淹死，是因为他隐约看见了自己的灵魂。过于自恋的人最后会在自己身上发现决定性的可怕的东西，这种发现将置人于死地。"

多年来，伊夫一直热衷于探索隐藏在自己灵魂表层之下的东西，为的是在其中苦行。后来，随着时间的流逝，即使真正的平静没有实现，至少那些导致灾祸的致命的好奇心得到了减弱。2002年，他发表了告别时装业的声明。在声明的结尾，他努力平静地解释自己内心的恐惧。这一解释能够让他与他的艺术、与他过往的审美幽灵重归于好："我经历了许多的焦虑和痛苦。我了解恐惧以及可怕的孤独。安定药和麻醉剂并非益友，它们是令人虚弱的桎梏和损害健康的牢狱。有一天，我终于走出了这一切，虽然头晕目眩，头脑却很清醒。马塞尔·普鲁斯特告诉我，'神经过敏者的卓越而悲惨的家族正是社会的中坚。'"

我想引用普鲁斯特的这两段话："我们所知道的所有伟大的东西都来自神经过敏者。正是他们而非其他人建立了宗教，创作了杰作。人们永远不会知道自己总共受了他们多少恩惠，尤其是他们为了给出这些恩惠经受了多少苦难。""我们甚至可以说，这些作品就如同喷水井，它们所达到的高度取决于苦难在作者心中留下了多深的痕迹。"

圣洛朗总结道："我在不知不觉中成为了这个家族的一员。他们是我的亲人。我没有选择这一命运的谱系，然而正是多亏了这个谱系，我才上升到了创作的天堂，才与兰波所说的火的制造者并驾齐驱，才找到了自我，才明白生命中最重要的遇见是遇见自己。"

第四章

昔日的灵魂

11. "和我的裙子一样老"

驱散了人造天堂之后，世界几乎像醒酒露一般令老人感到愉快。它呈现出被丢弃在夜店后门垃圾桶旁边的可口可乐瓶子的颜色。他找到了可以说是反叛的愤世嫉俗的腔调。他什么都看不惯。甚至国民教育系统："学校没起到应有的作用。那么多孩子不喜欢他们的方式，感到厌烦，学校里不教艺术史。丝毫没有关于建筑、绘画和时尚的知识。多么混乱！多么不负责任！如果我们由于疏忽抹掉了过去的美，又怎么能为未来之美作准备呢？"

他尤其责怪自己的同行："我看到的一切令人恐怖。时装前进的方向危险重重。"

对他们，他从不留情。早年，他就指出那些"小时装只会虚张声势，在头发里插上米奇（Mickey）的耳朵，让女人穿上废铁"。如今，他抨击那些街头艺人和他们令人羞耻的时装表演："台上有乐师、麦克风、人工布景，所有这些的首要目的是为了让人吃惊。这不再是时装，而是表演。而事情往往是表演可能很完美，裙子却没法穿。同样，每年都有新的名字像热气球一样轰然而出，到来年，热气球消失了，被其他热气球取代。"

对那些没完全理解的人，他解释说："女人们厌倦了成衣的疯狂。如今的设计师都把自己当做导演。有如此吓人的东西存在，我忍不住远离这个圈子，远离这些人。"

被后来人推出门外以后，他狠狠地批判他们所做的一切，以及他们努力丑化的这个世界："我是第一个展示女人胸部的人，而如今，她们光着身子走秀，设计师这么做太淫邪了。"

淫邪！汤姆·福特重新接手圣洛朗左岸后，请苏菲·达尔（Sophie Dahl）为"鸦片"拍了全裸广告，大师大为光火。

在他的眼中，一切都面目全非。甚至巴黎的街道，他主要的缪斯女神，也背叛了他："意大利和纽约的街道更漂亮，能更多注意到女人。她们都很简单。在法国……空气里飘荡着慵懒的味道。"

并且："街道丑得要命。"

准确地说，上面这句话出自 1971 年：长期以来，落伍的感觉啃噬着圣洛朗的心。而时间的摧残更加重了这种感觉。他用前所未有的力度和坚定来表达他的不满："时装？什么都不是，我告诉你。自从巴伦夏加和夏奈尔对峙的时代结束以来，什么都没有了，除非算上纪梵希和我，的确什么都没有了。大家以为还有一些高级时装店，但我知道，一家都没剩。当然，你们可以列举几个我不敢说出口的名字。不过这样的名字并不存在。这是误会，没必要再谈……"

就这样，法国和它的影响力都不断倒退。这种现象早在上世纪七十年代就开始了，由于利用局势便利的人的漠不关心，品牌的过度开发以及意大利人的巧妙上位。可可·夏奈尔对这种现象大为恼火，用性别主义的词汇分析说："到目前为止，从来都没有人敢跟我说时尚来自意大利或美国。就因为男人参与时尚设计，我们才丢了位置。"

在欣赏美国的同时，圣洛朗也担心自己的优势以及与之相伴的品位受到威胁。纽约为时尚的历史着迷，纽约现在将他奉为"时尚之王"。但是，如果纽约抛弃了他呢？如果有钱的美国女人没了在巴黎一掷千金的习惯呢？如果那些时装专栏不再给她们提供好的建议呢？如果帕维斯·谢维（Pawis chéwi）放下身段，到历史的后间寻找无数代表昔日荣耀的滞销货呢？如果她们开始追随其本土的精神导师呢？

形势慢慢发生了变化。拉夫·劳伦（Ralph Lauren）首当其冲。自上世纪七十年代初开始，当圣洛朗被"解放"系列缠身时，纽约人就改变了方向。巴黎再也没有时尚领袖。从此，他们打开了自己的道路，要求自己的风格。对某个类型、某个阶层的女性来说，灯城的招摇并不是真的必要。伊夫不喜欢流苏，他自己却成了其中的一员。他的"粉丝"都是迪奥先生培养的高雅粉丝的小妹妹。

如今，他成了恐龙，他看待事物的方式濒临灭绝。他哀叹时尚遭到遗忘，拒绝履行职责；哀叹时尚不再美化女人，不再为女人注入理想；哀叹时尚仅满足于为丑陋做担保，满足于原封不动地抄袭充斥大街小巷的东西。他认为一个世界正随时尚的衰落而逝去。他为之颤抖。他认为这是一个"亏空"的时代："我怀念二十年代。今天的一切都接近虚空、荒芜、烦恼。哪里还有茹韦？哪里还有贝拉尔？并且，自从沃霍尔去世后，有谁取代了他的位置？自从他离开我们，谁有能力给社会打造一面名副其实的镜子？是的，正是这样：随着贝拉尔和沃霍尔辞世，某种本质的东西也随之而去了。他们优雅，拥有天才，懂生活的艺术。

如今，谁还能像沃霍尔展现玛丽莲一样，用同样的力度和真实展现麦当娜呢？"

沃霍尔的去世深深触动了他，一如纽瑞耶夫的离世。某种生活方式随他们一起离去了。此时，对艾滋病的恐惧扼住了同性恋者。二十世纪六十年代的性解放以降旗告终。伊夫划掉了通讯簿上的许多名字。时装店的、工作室的、朋友的。这让他更加忧伤，更加将对远去的优雅和自由的缅怀联系到他自己，联系到他自己的没落。他确定自己热爱的世界会与自己一起终结。他毫不厌倦地到处诉说。在夏奈尔和他身后，什么都不会再有："我是最后一个大时装设计师。高级时装将随我告终。"

一切都同时告终，时尚、世界、我。全面的衰退应和了个人的衰落。宇宙和伊夫遗憾的灵魂融为一体。不久前他就说："我是一颗化石，我待在自己的笼子里。我做裙子，然后睡觉。"

如今，他感觉自己"和希律王（Hérode）一样老"。这个说法本身证实了他的情感。这个说法有年头了，它为他的情感标明了日期。阿尔封斯·阿莱（Alphonse Allais）说过"和我的裙子一样老"。作为时间的印记，伊夫从此染黑了头发。就像一个爱美的老女人。他自言自语。他强烈抨击丑陋和疯狂。然而，如果详加审视，人们就会发现，他批评后继设计师的东西，奇怪地与他年轻时的作为相似，他的好恶、他的创新、他的无节制行为。他责备挑战者，而他一辈子都在挑战。他责骂裸体，责骂苏菲·达尔为"鸦片"拍的裸体广告，可他自己就曾为"左岸"脱得赤条条。他抱怨演出式的时装表演，而他是第一个导演自己时装系列的人。他们从日常生活汲取灵感，换了他会用其他方式吗？都一样。年轻人嘲笑他。操纵杆在他们手里，他们掌握着当下。他通过裙子谈论普鲁斯特，他们谈论连环画。他哭，他们笑。时间之神科罗诺斯（Chronos）吞噬了自己的孩子们，相反，圣洛朗最终被自己的孩子吞掉。

最终，皮埃尔·贝尔热在他那被年轻美丽的继任者包围的帝国的各个部门换掉了他，于是，圣洛朗就像李尔王（Lear），孤独地在被蹂躏的高级时装领地上漫游。他失去的不仅是在逝去的世界中的乐趣，他还失掉了自己的权力。如果他肩负的自由形式已然过时，如果引导他的审美幽灵从人们的想象中消失，那么，他再也没什么可说了，那么，他不再存在了。只有对少数年老固执的人，他才意味着什么。他的权杖已经断裂，被时间解体。而他自己也终将消失，带着遗憾，无足轻重。他说（他在编故事，或者说的是实话）："一天晚上，我梦到夏奈尔小姐和我去丽兹饭店吃晚饭，走过康邦（Cambon）街橱窗的时候，我们都流泪了。"

可笑、黯然、辉煌的散步！"如果你不能保持男人的尊严，就像女人一样哭泣吧。"格拉纳达（Grenade）最后一任哈里发艾卜·阿卜杜拉（Boabdil）这样喊道，任由首府被西班牙人攻占。圣洛朗为美丽的街区充斥丑陋的便宜货而哭泣，以此来表达他的无力。如果他用失望的色彩描绘宠儿的世界，是因为他没能履行黎明的诺言，对于周围的现实世界、对于自己的不足，他的评价是同样的。他曾经是最伟大的时装设计师，然后呢？他想要的就是这些吗？这就是他的使命？

*　　*　　*

他自己回答说：不。

时尚在他内心激起的，不只是恼怒、高度的不满、虚度生命的感觉。他说过好多次，每次都带着细微的差别和懊悔。他在 2002 年的告别演说中明确了这些："在很长的时间里，我都严格履行我的工作。毫不让步。我一直将对这个行业的尊重置于一切之上，它不完全是一门艺术，但它需要一名艺术家才能存活。我认为自己没有背离那个怀着不可动摇的信仰和信心向克里斯蒂安·迪奥展示最初设计图的年轻人。这种信仰和信心从未离开过我。我领导了优雅和美的战斗。"

就在前不久，他还自夸推动了时代的进步："我用服装做到这一点。时装肯定没有音乐、建筑、绘画和其他艺术重要，但不管怎么说，我做到了。"

圣洛朗自视为时尚圈的白马，但他遗憾自己服务的并不是真正的缪斯。手工艺，并不是伟大的艺术。他没有被杰克·朗发出的学士院的殷勤所愚弄。同时，他确定自己是机器运转必不可少的艺术家。他的声明和皮埃尔·贝尔热的话有些相似："对于这个行业，他太有才华了。他是有天才的人。"

伊夫的悲剧在于，他虽然对各类艺术都有品位，比如绘画、音乐、文学、戏剧、歌剧，但他真正了解的只有一个行业——也就是他自己的行业——时尚。从这一点来看，他的命运和同时代的一位"小艺术家"塞尔日·甘斯布颇有相似之处。此人出于乐趣画画，还出版了小说《埃弗格尼·索科洛夫》（*Evguénie Sokolov*）。甘斯布遗憾自己只是一个有天赋的作曲家，就像圣洛朗遗憾自己只是世界上最伟大的时装设计师一样。这是那个时代的特色，是他们所顺应的学院派思想的残余，还是对艺术等级之分的真切体会？每个人都有自己的答案，唯一确定的是，这个想法令这两个人过得很不快乐。

时尚还令伊夫陷入焦虑之中。日后他会宣布"厌烦"了时尚。当然，这一直是一种挑战。但他认为时尚的紧迫令它专横，它的暂时性令它微不足道。时尚对他意味着暂时性本身的恐怖："每次都要全盘推翻。永远都不能搞错流行。花高价买来的东西三四年后就失去了意义。要始终与外面的世界保持密切联系。人们要求时装设计师感受发生的一切和将要发生的一切，并将它表达出来。我给自己做了上吊的绳子。我更愿意只在想涉足时尚的时候才创造时尚。"

不过，暂时性本身也有美丽之处，而一个系列引起的赞叹、看到女人身穿自己作品的快乐及公众的赞扬，有时让他忘记了行规的严格，开始期冀通过瞬间达到永恒。他说："时尚是艺术吗？这不应该由我来回答。"

年龄带来的幻灭最终让他作出了否定的回答。而他内心的苦涩由此增加。于是他不停地说："我本应当个画家。"

画家，他有发言权，他了解色彩之道，德拉克洛瓦的蓝色，提香（Titien）和委罗内塞（Véronèse）的绿色，克拉纳赫（Cranach）的红色。他还对材料情有独钟："对一条裙子来说，最重要的，就是材料，也就是说布料和色彩。你可以画美丽的设计图，你可以在图中用上这个行业的所有知识，但如果你没有材料，你就糟蹋了这条裙子。需要忧虑的，不是口袋的位置、腰带的位置、肩部裸露的形式或大小。忧虑的是当你面对布料和色彩，你应该像画家手持画笔或雕刻家手持黏土一样，掌控材料。要降服材料，让裙子贴合你的想象。"

埃德蒙·夏尔-鲁证实说："他工作室的气氛让我想起了某些画家的画室，比如德兰（Derain），但尤其是巴尔蒂（Balthus）。"

他也借用了画家的眼睛，比如他习惯在摩洛哥风景中寻找油画的影子："在马拉喀什的每个街角，都能看到强烈、鲜明的人群，穿着粉色、蓝色、绿色、紫色长袍的男男女女交织在一起。这些人群就像画出来的，让人想起德拉克洛瓦的素描。令人惊讶的是，这只是生活的即兴创作。"

他一直在寻找瞬间和永恒、简单和复杂、时尚和伟大艺术的相交点。在 1976 年的发布会上，他如此说道："这是一个绘画系列。"

他最终也有了画家的忧虑和激情："发掘这个行业令我极为着迷。我不知道还有更激动人心的事情。有多少次我在习惯的黑幕布前感到无能为力，陷入失望，又有多少次幕布撕裂，让我看到无限的视野赋予我最高的快乐，我敢说，这是真正的骄傲。"

但是，就像浪漫主义者、诅咒的艺术家和二十世纪的浪荡子们传播的画家的形象，他对失败和不幸极为倾心。这是他在《包法利夫人》、《魂断威尼斯》和普鲁斯特笔下寻找的东西。爱好忧虑。偏爱忧伤。他依然叹息："我是个失败的艺术家。"

当他承认自己与普鲁斯特所说的"神经质之家"相像，他为这个自己喜欢的病症感到满足，他为自己贴上了一种身份的标签，他炫耀着一种优越感。而这对永远支持他的皮埃尔·贝尔热并没有什么不方便："创造者都是一些魔鬼，在他们面前，一切都在屈服，一切都应屈服。伊夫认为自己受到了伤害。他的确是个受害者。他深感不幸。但对他最残忍的，是他自己。如果一个人有施虐受虐狂的情感，那么他是在经历一切。"

早在十九世纪，人们往往把这种性格特征与艺术家和精英联系在一起，它是风雅的表现，是年轻的资产阶级试图逃离本阶级的倾向。在十三岁的时候，白皮肤的奥兰少年曾经写道：

> 你是多么幸福！
>
> 什么都不需要
>
> 你拥有一切！
>
> 财富，美貌，青春！
>
> 这样真美妙
>
> 但这种日子
>
> 你早已厌倦
>
> 你再也不想这么生活！

12. 爸爸、妈妈、士兵和我

让我们继续追寻令这个大男孩又哭又笑的苦恼源自何处。

迪奥的档案和伊夫·圣洛朗的自传都没有提及 1959 年至 1961 年这段时光。然而，这段时间却让阿尔及利亚战争孕育的道德危机成为症结：战争严重打击了年轻的伊夫。混乱而恐怖的时期。直到 1958 年，大多数法国人都还支持保留海外省，支持无力解决问题——正在瓦解的殖民体系；到 1962 年，将有一股强大的力量把阿尔及利亚交到民族解放阵线手中，入伍士兵的母亲们为此松了一口气，却激起了当地法国人的失望和军队的分裂。两者之间，有为把阿尔及利亚置于法国统治而重新上台的戴高乐的犹豫和策略，但这与各种国内和国际现实相冲突，也有那些以为受到欺骗的人们的不解、随之而来的反抗、1960 年的街垒战及 1961 年的暴乱和 OAS（秘密军组织）的建立。

大男孩大部分时间在巴黎经历了这个时期。他的职业很成功。时装系列广受好评。首先，军队对他予以缓征，也就是说，他的兵役推后了。这在当时是少有的特权，只有尚未完成学业的大学生才有权享受。到1959年底，有消息说："明年，伊夫·圣洛朗将穿上一位大设计师设计的服装：军装。"

入伍时间预计在1960年9月。伊夫该怎么办？人们可以相信，他将和许多北非同胞一样，满怀热情地拿起武器，保卫共和国的统一、家庭的财产及他所钟爱的文明形式，反抗那些打算把欧洲人扔到海里的分裂主义叛乱者。当然，他并不属于那些在巴布·埃尔-乌德（Bab el-Oued）不惜一切要独立、一窝蜂地加入秘密军组织的人。他属于城市里生活宽裕的年轻资产阶级：唯有这个阶级支持与民族解放阵线和解，通过政治途径让阿尔及利亚获得独立。但奥兰不是阿尔及尔。伊夫一家，虽属资产阶级，但还是倾向于法国统治的。

那么？可是，伊夫对此却不屑一顾，用既傲慢又耻笑的方式对待这一些。服从是不可能的。他不会去参军。他会去阿尔及利亚，但只是为了在那里画图。玩笑并不能取悦迪奥公司的老板马塞尔·布萨克，后者还拥有最大的亲法属阿尔及利亚的日报《曙光报》。另一方面，这还能促进销量。读者乃至所有的普通法国人都感到气愤，为什么一个服装设计师（私下里他们都说，一个男同性恋）可以免除兵役，而其他人却要去卖命？一个"反逃避战场人员母亲协会"成立了。伊夫又多了挑衅的意味。他上了《曙光报》的头条，身边围绕着带白面纱的女子。

在此之上，还插入了沙里耶（Charrier）事件。事件的主角——碧姬·巴铎的丈夫，在入伍几天后就进了瓦勒德格拉斯（Val-de-Grace）的医院。据说是自杀。一些人说，他怕得要命，这不过是为了退役而耍的花招。此外，他真的退役了。全法国都对"作弊者"（马赛尔·卡尔内的著名电影的名字）反感至极。不能给名人特殊照顾！政府最后也只能听从大众的意见。此外，在需要严厉的时候，宽容是不被允许的。1960年的街垒事件之后，戴高乐不顾军方和政府大多数人的意见，残酷地镇压了支持法属阿尔及利亚的人。

于是，伊夫认识到自己只能屈服。他只能入伍，按照惯例去先行官那里报到，去理发。但是，几天后，1960年9月20日，轮到他被送到贝然（Bégin）的医院观察。他在那里待了六个星期。确诊为：抑郁症。母亲赶忙来探望他，发现人们给他吃的东西让他变得"迟钝"："药量过大，几乎把他毒死。"

后来，她承认当时请求一位将军插手，但那些士兵是故意折磨她儿子的，为了以儆效尤。当时，伊夫只是非常严厉地要求她把他一个人留下，让她回奥兰去。军方对此保持沉默，但《世界报》认为了解到"圣洛朗先生的身体状况，几个月以来他一直受抑郁症的折磨，这个措施是必需的"。

最终，他也退伍了，但是，从9月30日起，马塞尔·布萨克将作出他的判决：在整个兵役期间，迪奥将中止与他的合约，他的工作交给马克·博昂（Marc Bohan）负责。

从幼年起就困扰伊夫的抑郁症第一次有了官方的称谓，它也第一次有了具体的后果，医疗的、社会的、情感的和经济上的后果。因此，它不能不给他的生活留下印记。所有戴法国军帽的东西都会引起他持久的恐惧。露露·德·拉法莱兹还记得上世纪六十年代他的疯狂奔跑："他一听到身后有警报声，就立马冲进单行道。他对军队和制服一直都很恐惧。"

一天，他说自己晚上酒后驾车被捕，在警察局，当一些"条子"知道了他是谁，就停下来打了他一顿，这让他非常生气。这些话可信吗？他的精神状况不免令人产生这样的怀疑。他对警察的恐惧终将变成真正的精神错乱。1990 年，在马拉喀什，他给自己弄了一顶士兵帽，颈部光秃秃，耳朵露出来，要求别人把他当士兵。此外，他还每天喝两瓶威士忌，行为癫狂。必须把他送回去治疗，他的亲友让他在那里住了三个星期："我每天都在走廊里喊'杀人啦'。我不怨任何人。因为所有人都溜走了。谁干的？皮埃尔？我母亲？我妹妹？我觉得，是我妹妹。"

在他的妄想症中，还出现了白大褂，它和士兵制服一样可疑。不久，他声称自己在不停的戒毒治疗中丧失了视力。那么，当他指控瓦勒德格拉斯的军医在 1960 年强行给他注射镇定剂，以至于他从此产生了依赖后，能否相信他的话？当他告诉弗朗兹-奥里维耶·吉斯贝："真可怕。他们想阻止我出去，就给我服药。我睡在一个房间里，独自一人，有些人像疯子一样进进出出。真正的疯子。一些人抚摸我。我不让。另一些人毫无理由地号叫。一切都让你焦虑。两个半月的时间里我只去过一次卫生间，我怕极了。最后，我只有三十五公斤重，大脑还出现了紊乱。"应该当真吗？

与其说这是发生在巴黎最好的医院之一的事实，还不如说这是主角罹患"精神错乱"的恐怖电影里面的情节。况且，一些错误很明显。比如，伊夫在瓦勒德格拉斯只住了一个半月。如今，许多证据和材料业已消失，长久的调查是否还能确定这些记忆中哪些是真实的？我们有理由怀疑。弄清楚为什么伊夫拒绝服兵役，为什么他总是那么仇恨军队，似乎更有趣。

1960 年，一小部分不容忽视的应招入伍的人拒绝去服兵役。某些左翼人士高声支持他们。在 9 月 21 日出版的让-雅克·塞尔旺-施赖伯（Jean-Jacques Servan-Schreiber）的《快报》上，人们指出这些不服从的人都是年轻人中的精英，号召公民以崇高的道德责任的名义支持他们，反对那些雇佣兵："这场运动的胜利将带来一场可笑战争的结束和另一个法国的诞生。"

一些人甚至把圣洛朗看成为某种宗教或道德因素而拒绝服兵役的人。这真是夸大其词。不过，他很早就表现出某种信念、某种气质，让他毫不含糊地反对那些希望让战争持续下去、让阿尔及利亚维持在共和国统治下的人。

从少年开始，"白皮肤的奥兰人"就与形成国民解放阵线主体的那些平庸的同志不同。他穿鸡爪花纹的小西装、打领带、戴知识分子的眼镜、发型无懈可击，而他们却穿灰色的罩衫。在地中海岸的黑皮肤旁边，他的一切都很完美，他保持着英伦风格。他经常独处，远远地，被人排斥，也排斥着别人。他开始阅读《追忆逝水年华》。他有着奈瓦尔的某些特质："我是黑暗，丧偶者，失去了慰藉……"

他的秘密，是他的同性恋。他和一些陌生人混在一起——一些阿拉伯人，满怀恐惧、满怀羞耻。万一整个奥兰知道了，他们会厌恶他。而他如此喜欢奥兰，西班牙气质的奥兰，饶舌、平庸的大男人的奥兰，他们不知道普鲁斯特是谁，一听到"文学"这个词就想到灌溉和菜园，并像追捕罪犯一样追捕"马利其塔"（同性恋者）。他把奥兰放到象征令人窒息的、虚伪的、种族主义的社会行列，这个社会总是善于谴责不在其列的人。和许多年轻的资产阶级纨绔子弟一样，他标榜自己仇恨"资产阶级"。他们的家庭布置、他们的蜂蜡、他们的周日礼仪。他非常厌恶"爸爸的阿尔及利亚"，巴黎媒体传播的漫画非常有效。大多数欧洲人希望的事情都活该。他梦想的阿尔及利亚，是开放的、进步的、独立的、理想的。

他十五岁的妹妹布里吉特的同学把他当做"娘娘腔"。她给了他们老拳。这是她哥哥，她爱他。但她也为他的想法感到遗憾。甚至在很久以后，她还说："秘密军组织曾经是我们唯一的机会。"

政治、性生活，都变成了大家绝口不提的家庭悲剧。

伊夫的同性恋、反军国主义和左倾都与这内心的反抗紧密相连。大男孩变得忧伤。

开始是幸福的。在奥兰附近的特鲁维尔（Trouville）海滩，有钱的人家周日去那里游泳，在阴凉处吃午餐，一望无际的大海，有大型浮标，大家和朋友、阿姨及家里的客人一起嬉戏。然后突然是这个难以理解的决定，父亲要把他送到天主教的中学就读。

"他或许以为这样更加谨慎，更加接近上天。"

于是，他与他的女性圈分离，尤其是与他的母亲分离。晚间的时光，他抓住了戏剧、化妆，为《时尚》着迷。特鲁维尔还会有甜美的星期天。但变故突然发生。伊夫被赶出了窝。这件事将留给他永久的影响。他的翅膀被折断，脚掌被扭伤。更何况，分离之外，还有将沉重压迫他的对气恼的回忆："那里的孩子把我折磨得很厉害，去那里对我就像下地狱。同学们对我很坏。课间休息的时候我总是把自己关在卫生间里，因为我害怕这段时间，或者他们把我关在小黑屋里，然后突然开门……所以，一听到要服兵役，我就处在一种恐惧的状态，因为我害怕这些日子重来。整个磨难已在我的生活中根深蒂固。"

受到永久创伤的小伊夫开始怨恨他的父亲。他和母亲一起对抗他。奥兰到处都是穿尼龙袜、吸条装香烟的有钱的美国士兵。大家发出邀请，开办舞会。一天晚上，父亲不在家："我母亲离家出走了：她去一个美军基地参加舞会。我们这些孩子和佣人一起偷偷跟着她。我们想看妈妈跳舞。窗户很高，一个佣人用手托着我，我看到妈妈在舞厅里。"

母子俩都爱恶作剧。客厅最显眼的位置挂着一副莫维埃尔男爵约瑟夫·伊尼亚斯·马蒂厄（Joseph Ignace Mathieu）的肖像，全家人都颇感骄傲，此人曾为拿破仑和约瑟芬起草婚书。伊夫的母亲和妹妹们都确信这是皇帝的礼物。她们称呼他"那个大卫"：这是伊夫的祖辈谄媚的象征。伊夫最喜欢的恶作剧之一，就是和母亲在这幅威严的画像下互相扮鬼脸，做出害怕的样子。一天，小男孩用一只飞镖戳进了祖先的眼睛。母亲顾不得骂他，马上叫了一名工匠来修补，他们都害怕父亲发火。

糗事多得数不胜数。家庭角色的分配就像日后圣洛朗的风格一样。伊夫有意识地打破了奥兰父权的"资产阶级"框框。日后，在他与古巴舞蹈家若热·阿马多（Jorge Amado）的交往过程中，他将说得明明白白："男子气概不再和灰色法兰绒或厚实的肩膀紧密联系，女人也不必一定胸脯高耸。我认为，母鸡一样的女人和统治者一样的男人的时代已经结束。男人不再需要锻炼胸肌、鬓胡子才能让人相信他们是男人!"

于是，爸爸的朋友穿上冬日的盛装，在阿尔泽(Arzew) 街喝茴香酒的时刻神气十足；于是，女性的力量得以提升，这是圣洛朗从未放弃的念头。于是妈妈跑去参加美国人的舞会并对攻击莫维埃尔男爵予以理解，而这两者都是女性道德力量的表现。这也解释了这位未来的设计师为什么对战后污秽的时尚——比如迪奥老爹那么恼火，虽然是后者成就了他，为什么他丝毫不想认识碧姬·巴铎这个女人味十足的、性感的女人。他拒绝爸爸的世界里完全过时的人间喜剧。

如果我们相信伊夫讨厌他的父亲，那简直是胡扯。相反，他爱他，就像他热爱和崇敬迪奥先生一样。他有多反对他，就有多爱他，他需要这样，他也终将和父亲相像，带着一辈子的矛盾交织。每当他需要父亲的时候，父亲总是陪伴在左右。是父亲为他注册了巴黎的裁剪课程，虽然他梦想把他培养成公证人。也是父亲，在1955年1月觉察到儿子的忧郁后，偷偷写信给从未谋面的米歇尔·德·布朗霍夫，请他"给伊夫提建议，并在必要的时候动摇他的想法"。他细致入微地描述了儿子的性格，"他极为害羞，怕自己惹人烦"，指望伊夫对布朗霍夫的"巨大信任"能起作用。这么体贴的做法，只有不了解对这个过于敏感的儿子的担心的人才会觉得不妥。

他自己也很敏感。阿尔及利亚独立后，全家人乘船返回法国，当船驶离岸边后，在整个旅途中，他一直待在甲板上，看着过去的生活在眼前消失。后来，他离开妻子，迁居摩纳哥（Monaco）。母亲在巴黎陪在儿子身边，而他陪伴着他的大海。阳光下，他回忆起那边的生活。

留在伊夫脑海中的，是一只快乐的南方大鸟的形象，这种说法很热情，却带着优越感，就像一个温和的父亲说他的儿子可爱却不能干："我一直叫他白鹦鹉。他大笑不止。他是一只漂亮的大鹦鹉，色彩瑰丽，热爱生活。"

在伊夫充满爱意的描绘中，他与父亲的不同是如此鲜明，将他们分离开来："他总是把一切都安排好，方便大家和他联系。时尚不是他的那杯茶。但他特别为我骄傲。对他来说我就是上帝。这种温柔是前所未有的。他的朋友们总在掳掠他。在生活中，他只是某个特殊人物、也就是我爷爷的儿子。"

可怜的白鹦鹉，处在一个王朝的建立者和一个天才的夹缝中！他只有一种才华：幸福生活的才华。

奇怪的是，在提起流亡的忧伤时，儿子与父亲一样容易有口误："阿尔及利亚战争期间，所有人都被掠夺了财产，我感觉他非常失落。不过，他在马尔（Marr），哦，不，他在蒙特卡洛（Monte-Carlo）过得很愉快。"

圣洛朗和妹妹们的关系也不是更明朗。他们一起回忆童年的时光。他们写信，看望对方。每个星期，他最喜欢的布里吉特都和他们的妈妈共进午餐，她们谈论他，她们一直都很喜欢他。伊夫喜欢他的妹妹，他不断去看她，宠她。不过，他也曾装作一本正经地说，他的三个妹妹是露露、安娜-玛丽和贝蒂。而他却怪布里吉特1990年把他关到精神病院。是否因为在奥兰，布里吉特从根本上是属于父亲、属于秘密军组织一派的，与被同学们当做娘娘腔的年轻的左派纨绔子弟截然不同？当伊夫感到父亲被遗弃的时候，他是否为此感到后悔？后来他也没有去蒙特卡洛看望他，而是让布里吉特一个人照顾他："我的父亲，曾经是我的朋友。总之，我曾经是他的孩子。"

但是，他如此强烈地感到自己被遗弃！从上世纪五十年代初开始。自从他第一次在羞耻中满足了自己的性欲。直到三十五年后父子俩才再次见面并谈起这件事："我从来没有跟父母讲过这些。我最后知道，他们早就知道了我是什么样的人，我母亲早过我父亲……"

1985 年 3 月，密特朗授予圣洛朗荣誉骑士勋章。父亲非常激动，儿子也不例外。在典礼结束后，一个巧合把他们单独拉在一起。伊夫泪流满面："爸爸，你知道我是什么样的人。或许你更希望我是一个真正的男孩，能继承你的名字。"

而老人慌乱地回答："这一点都没关系，亲爱的。"

他们以前从未谈论过这件事。以后也没再提起。这将是他们最后一次见面。他们并不埋怨对方，他们爱着彼此，但他们的航向截然不同。伊夫是否更希望听到另一种回答？坚定的父亲们总是显得可笑。感动的父亲们却变得渺小。不管怎么说，当烟不离手的父亲 1988 年死于肺部疾病时，他们已经三年没见面了。在蒙特卡洛的葬礼上看到父亲时，伊夫将像设计师或忧虑的儿子那样，把一切都安排妥当。他吻吻父亲的双手，手指纤细修长、像希腊人的双手，伊夫整理了他的口袋，然后下跪。但在这之前，他一进门就呼喊"爸爸"，再也没有其他话。布里吉特听得毛骨悚然："在他的叫声中，包含着没有早点了解父亲的所有遗憾。"

13. 三条黑连衣裙

通过父亲和地中海，我们又回到起点。回到母亲身边。那些为心理学恼火的人曾说：去寻找女人吧。对伊夫·圣洛朗来说，女人是现成的。就是他的母亲。这个大男孩的整个命运都包含在三条黑色连衣裙的故事当中。三条母亲穿过或受母亲启发的裙子。对此，他毫不避讳，他总喜欢说："创造一个系列，就是找回自己的童年。"

让我们回忆一下，1953 年秋，这个没有通过中学毕业会考的男孩在《巴黎竞赛》画报（*Paris Match*）上看到了一则启事：国际羊毛局组织一场针对新手的设计比赛。他参加了连衣裙单元的比赛，设计了一条黑色的连衣裙，获得三等奖，母亲陪他去巴黎领奖。在使馆剧院里，他从雅克琳娜·德吕巴克（Jacqueline Delubac）手中接过奖杯。母亲在宾馆等他，给他准备了一份惊喜：请裁缝把他设计的裙子做出来，并为他穿在了身上。

第二年，通过中学毕业会考后，伊夫重振旗鼓。他想拿到第一。他得到了，同时还得了第三名，因为他递交了好几件作品。来自汉堡的二十一岁的卡尔·拉格菲尔德获得大衣单元奖。这次，是纪梵希（确切地说，是他的工作室）让奥兰小伙子的设计图变为现实。与之伴随的是这最初荣耀带来的首笔报酬：一张三十万法郎的支票。

　　连衣裙非常性感。曲线完美，肩部裸露。与长手套搭配。姬黛（Gilda）不再遥远。玛琳·黛德丽近在咫尺。奥兰的电影院不久前刚放映了丽塔·海沃斯主演的《卡门之爱》（*Les Amours de Carmen*）。性感女神非常时髦。黑色非常适合她。

　　"优雅，就是一条连衣裙过于炫目，让人不敢再穿第二次。"

　　为了让女人敢于穿这仅有的一次，需要一个特别的机会，一个唯一的节日，一次没有明天的逃离。比如，母亲逃到美国人的舞会。这无可比拟的瞬间，伊夫竭尽全力去找回。在1986－1987年冬季高级时装系列中，他将亲自制作1954年的连衣裙。添加了火红的缎面褶裥和带短面纱的帽子，仿佛要让它浓缩撩人而隐秘的诱惑。就像面孔正中的鼻子一样隐秘。

在时间的河流中，这三条裙子将圣洛朗带回到了从前的时光、幸福的时光、奥兰永恒的时光。三岁的时候，他会因为不喜欢母亲的裙子而哭泣，或者使劲撒娇让阿姨去换衣服。仙女、懒惰的女同志的时光，有女孩子们的故事，永无休止的海水浴，和妹妹们、阿姨们、她们的朋友们以及母亲度过的火热夏天。这段受到祝福的时光让他认识到，女性的优雅是女性的一项事业，与她们的身体、姿态和首饰都有微妙的联系，那些"老家伙"与之没有丝毫相似之处，也丝毫没有发言权。

就在走出这个天堂后，产生了一个短暂的误会。伊夫还完全处在仙女香气的麻痹下，在他为自己讲述和描绘的故事中，他为自己指定了被棕发、红发或金发性感美女围绕的唐·璜的角色，这些女人一个比一个性感，胸脯高耸，大腿浑圆，穿着束腰带和黑色的长统袜。他给自己提出了符合情理的建议：

> 正如我对你的了解
>
> 你将追寻情妇光滑雪白的躯体
>
> 但永远不要过于沉湎
>
> 而成为色情狂

因为一旦这样

再也没人要你做情人。

　　在生命中这个浪漫的时刻，伊夫发现了普鲁斯特，并手抄了《包法利夫人》，他很难将梦想中的女人、性感女神、极其不幸的女人或巴黎的女店员与现实中的女人联系起来。劳伦·白考尔（Lauren Bacall）和玛琳·黛德丽吐出的烟圈和扔在沙发上的长统袜困扰着他。现实生活中，这些的确存在吗？

　　是的，以某种方式存在着。诱惑有它独特的手势、服装和颜色（黑色），一个非常亲近的人会利用它。伊夫记得有一天他的考试成绩非常差。这一天，直到五十年后，他还记忆犹新。事情很严重。家里的女人们插手了："数学满分二十分，我才考了两分。姨妈去见校长，她曾经是校长的情妇。大家给她打扮、戴上首饰，并蒙上黑色的面纱来遮住面孔。"

　　这个独特的场面本身就足以说明他为什么要当时装设计师。表面看来，一谈到诱惑，总会谈到昔日的美好时光。很难看到父亲参与这场装扮。诱惑是女人的阴谋，自由就是用来诱惑的——她们利用了这种自由。

受到这个想法的鼓励，并且为了回到最初的幸福时光，圣洛朗将他 1971 年的时装系列命名为"解放"：电影中、图片里的女人从未如此诱人。因为她们看起来自由、坚定、幸福。或许因为她们期待着未来有奇妙的明天，这种期待令她们的双目熠熠生辉，高跟鞋欢快地咔咔作响。她们满怀欣喜地发现了丝绸、色彩及穿衣打扮的乐趣。和一位像我这样的伟大设计师一起，她们像女王一样不把时尚放在眼里。"

他挑起的轰动既让他满足，又让他陷入忧伤。但从根本上来说，他不在乎，他只追寻一件东西，追寻逝去的时光。他回望童年。因为"解放"代表的也是母亲倾倒众生的时刻："这是我最年轻的系列之一。它源自一段回忆。在这条裙子上，我一直看到的是母亲的形象。"

伊夫·圣洛朗惊人地一成不变。在他生命中的任何时刻，黑暗的节日都占据着庞大的位置。游移不定，美丽与哀愁，吉祥与不祥。十三岁的他就已喜欢描绘爱玛·包法利品味舞会的乐趣、畅想富有幸福生活的时刻。成年后，他喜欢回味母亲穿着黑裙，逃往美军基地参加舞会这独一无二的诱惑的时刻，回味对晚会的短暂印象。她和达尼尔·达黎欧（Danielle Darrieux）如此相像！也像爱玛·包法利。或许还像拨弄着上层社会希望的伊夫本人。黑纱裙，是女人的自由，是力量，是幸福和诱惑。是艳遇，是人生。是他的母亲，是他自己。

从一开始，在奥兰的阳光中，母亲和儿子就已形成了我们今天所说的形影不离的一对。

吕西安娜·马蒂厄-圣洛朗（Lucienne Mathieu-Saint-Laurent）的父亲维博（Wibaux）是一名比利时工程师，母亲是西迪贝勒阿巴斯（Sidi bel-Abbès）的西班牙人。伊夫认为母亲真正的父亲是一名在奥兰逗留过两天的指挥家，外祖母还保留着他们的通信。不管怎么样，吕西安娜在阴影中长大，最初是在一个村庄里幽居，这家人从不谈论这些事情。十五岁后，有钱的姨妈勒妮（Renée）负责照顾她。从姨妈那里，她爱上了奢侈品、漂亮的东西、旅行和夜总会。她变得漂亮、优雅、时髦、轻浮。有人说她水性杨花。夏尔·马蒂厄-圣洛朗（Charles Mathieu-Saint-Laurent）一看到她，就被她的魅力折服，娶了她。1936 年伊夫·多纳（虽不像路易十四是上天赐予的，但也差不多）出生的时候，曾受到了最热切的期待。和所有头生子一样，他备受宠爱，是祖父的"一缕阳光"。到祖父去世，人们送他去上学，好日子戛然而止。上学导致的分离反而拉近了母子俩。他们的出行、他们的游戏早已有人宣传过。伊夫正是在母亲的影响下爱上了时尚、绘画、文学、戏剧，爱上了吕西安娜收集的皮毛——狐狸皮、灰鼠皮、臭鼬皮，爱上了布料——裁缝用各种布料给母亲做了许多妙不可言的裙子。他剪了母亲壁橱里的旧裙子，给妹妹的娃娃做了衣服。但他从来都不会动一条"还在穿"的裙子。他对吕西安娜怀着过于神圣的崇拜。到 1993 年，他还回忆说："妈妈出门的时候，我一直盯着她看。我永远忘不了她去网球俱乐部的那个晚上。妈妈漂亮极了，梳着丽塔·海沃斯式的发型。她穿着红缎套裙，腿型完美，还有红色的鞋子。"

大儿子去巴黎后，吕西安娜变了。她再也没有那么开心过。女儿们都注意到了。于是，她去看他。她去了大厦。当克里斯蒂安·迪奥邀请她去工作室时，伊夫关照她说："你穿这条裙子。坐在那儿。"

担心她显得太重要，害怕不合时宜，或仅仅是害怕失望，或者担心所有这些？有时候，一件漂亮的物品也会担心不合时宜。巴黎不是奥兰。接下来，伊夫时不时显得恼火、冷淡甚至无情。就像所有害怕被侵犯的子女。当母亲抱怨从穆斯塔加奈姆（Mostaganem）到法国的轮船不舒服时，他冷笑着说："算了，你又不是被派回来的。"

不过，从根本上，一切都没有改变。他一如既往地叫她妈妈，给她买许多礼物。在她从阿尔及利亚回国及丈夫出发前往蒙特卡洛后，他们的关系更近了。她努力变得谨慎，她了解他，让司机给他传话。在需要和他一起拍照的时候，她总是按照他所说的穿白色的衣服。她依然美丽、优雅。她知道最让他高兴的，是她依然爱美。她是否偶尔有压抑的感觉？这要读一读《Elle》周刊上的这段心声："去伊夫家的时候永远不能带我的小狗诺巴（Noba）。他的穆吉克（Moujik）会咬它。它很爱吃醋，总是黏在我身上。这条小狗没有好好教养。"

有时，伊夫会突然爆发对母亲的仇恨。每到这种时刻，他不愿看到任何女人。他扔掉所有的仙女及她们身边的总司令。他受够了。他无法喘息。在迪奥那儿，他有时感觉自己被女顾客和女职员过于紧密地重重包围。他不能忍受接受过于母性化的女记者的采访。有个女记者在采访后说："我感觉那是在拷问自己的儿子。"

然而，无论他再恼火、再失望，他总会与他的母亲和好，这是必不可少的需求。在他从业之初，《奥兰回声报》的一名记者把他称做"时装界的安泰（Antée）"。这么说并没有多么轻视他的意思。巨人安泰是大地之子，只有脚踏大地时才能战无不胜。海格立斯（Hercule）的十二项伟业之一就是歼灭了他，把他举到空中，将他扼死。伊夫·圣洛朗总需要与他的福地奥兰以及他的母亲吕西安娜心灵相通。

这三条黑裙总是在他的职业生涯和他的生命中循环往复。第一条黑裙，他第一次参赛的作品，母亲把它做了出来，穿上了它。第二条黑裙，第二次参赛的作品，通过米歇尔·德·布朗霍夫的引荐，为他打开了迪奥的大门，纪梵希将它制造出来。这两条裙子的灵感都源自第三条裙子，也是最先做出来的裙子，母亲吕西安娜在疯狂之夜穿的那条，伊夫在 1971 年和 1986 年曾试图再现它。它们是诱惑的象征、母爱的象征、强迫性地回到童年的象征、女性永恒的象征，它们是圣洛朗这个公民的玫瑰花蕾。还有一个问题。为什么是黑色？或者，黑色对伊夫意味着什么？

姬黛、卡门以及负责受到校长宠幸的姨妈的黑色代表着诱惑。卡拉斯和吕西安娜的黑色也代表着诱惑，除此之外还有悲惨，还有爱。黑色是色彩的王后："我喜欢金色，神奇的颜色，为女人增添光彩，那是太阳的颜色。我喜欢红色，热烈而野性。还有沙漠的浅黄褐色。只是对我而言，黑色是安全岛。它能表达我想表达的一切。有了黑色，一切都变得更加简单，更加有悲剧色彩。"

可惜的是，还有另一种黑色，他仇恨的不吉利的黑色、不祥预兆的黑色、恶人的黑色、"黑猫"的黑色、死亡的黑色："如果你们想杀我，就把我和乌鸦关在一起，我肯定活不到天亮。"

这些悲伤的鸟意味着咄咄逼人的空洞，喧闹的、有毒的虚无。亲人消失后留下了可怕的空洞。由于圣洛朗总是回望童年，让我们来听听他诉说母亲去参加舞会的那个夜晚他"期待着最后之吻"。当然，人们会想到普鲁斯特，圣洛朗也不断引用他，但更让人想到塞尔日·拉玛（Serge Lama）。他病了，病得很厉害，正如母亲留他独自面对失望的时候。

从根本上来说，三条黑裙说明了一切。伊夫·圣洛朗的一生不过是他那两种黑色的漫长斗争：一边是简化一切的光明的黑色，是母爱的避风港；另一边则是黑暗，居于其中的是哭泣和打战的牙齿。

结　语

伊夫·圣洛朗有些淘气。他说："我做了一些裙子，然后睡觉。"

而事实上，他的生活很充实。他甚至会思考、谈话、写作。有了这些，才能写关于他的书。他收集的关于自己的文件多得惊人。因此，我们既可以把他看做一个爱好广泛的男人，也可以把他看做一段历史的见证人。此外，他非常乐意把这两种看待问题的方式结合起来。他有两种主要的爱好：其一，爱好他自己和他的幽灵；其二，热爱他的时代。他的爱好都是标明了准确日期的文件。

这个男人是一个抑郁的知识分子、一个反省自身的人、一个热爱过时的浪漫主义文学的人：将他的宣言收集到一起就很自然地为他的一生刻画了一幅有些晦暗的肖像。但这么说显然有些偏差，是个系统性的错误。这种他脱不了干系的夸张曾惹恼了他的朋友露露·德·拉法莱兹。她认定他在《费加罗报》上吐露的黑色想法是"蹩脚的精神分析"。她的母亲马克西姆·德·拉法莱兹（Maxime de La Falaise）要宽容一些："伊夫让我想起那些为了不去参加晚宴而捏着鼻子打电话来装感冒的人。问题是，他被这个游戏缠住了。"

另一位好友贝蒂·卡特鲁同意这个看法。她了解这个怪家伙，也了解他的精神状态，并不怎么当真："伊夫很会演戏。他内心很痛苦、敏感。但他无论如何都不会改变自己。他喜欢自己现在的样子，而不喜欢其他人的正常生活。他随心所欲。"

并且，他那该死的沮丧姿态在朋友们中间从来都坚持不了多久。他们相互打电话："他用快要死的腔调说话，但不到两分钟就变回来了，大家是闹着玩的。"

因此，比如，当他宣布自己要在脖子上戴着铜烛台跳进塞纳河时，女人们都任由这个"双面神"发牢骚。她们都了解他的另一面，金光闪闪、笑容甜美的一面。亲人们都称赞他那面对一切、哪怕是最残忍的情绪起伏的幽默感，以及他的和善。雇员们喜欢他的体贴、礼貌和专注。负责订单的手艺人也都对他赞不绝口。这是第一个不让他们走后楼梯的设计师。了解他的人尤其指出他有着惊人的多姿多彩生活的能力，阳光灿烂的欢乐中穿插着最为消沉的时刻。他们树立了一个直到晚年还非常冲动的人的形象，他按捺不住为激怒部长而朝他们撅屁股的愿望，他满是无伤大雅的怪癖和青年人的冲劲。孩子气。

他还迷信。喜好分明。他对什么都敏感。对石头敏感。天然水晶令他如虎添翼。对纸牌敏感。他喜欢梅花十，讨厌所有的黑桃，尤其是黑桃 A。对花卉敏感。他钟爱百合花，敌视金盏花和黄玫瑰。看到他手里拿着麦穗也不要惊奇，那是他的幸运之神。他逃避所有的老鼠、猫和鸟类。没带自己专用的铅笔，他就没法工作。只有施德楼 2B 素描铅笔（Des Staedtler Mars Lumograph 100 2B）才有用。他的任何一个系列示人之前都画着复杂的赎罪符号。他从不吃甜食，抽薄荷香烟，喜爱巧克力，狂吃可可然后抱怨肚子疼。他很调皮，会假装发疯让人们给他安静，假装什么都不会做以便什么都不做。他身上从不带钱。他读《巴黎竞赛》画报。他经常写错字，和工作室的员工一起看电视。他有乱糟糟的阿拉伯风格。在他马拉喀什的卧室里，床边的墙上凌乱地挂着一个十字架、一串穆斯林念珠和一只法特玛（Fatma）之手。在他的单间公寓里也是同样的风格，满是护身符和吉祥物。有人说他信仰所有的宗教。谁知道呢？他经常去圣方济各–沙勿略（Saint-Francois-Xavier）的圣母堂祷告。

然而，双面神那阴暗的一面动不动就出现，以他的需要为准。神经质宣布自己的到来，他想要神经质。旅行途中，他说自己是斯万（Swann）先生，就像让–玛丽·勒庞（Jean-Marie Le Pen）在瑞士接受减肥治疗的时候易名为阿尔塔冈（Artagnan）先生。他的表链上刻着普鲁斯特，以这种方式要求一种身份，几乎是一项使命。他需要他的玛德莱娜、他的螺旋纹、他的镜子、他的不幸及与之相配的词句。他需要他的表演和他的观众。皮埃尔·贝尔热晚年向自己提过一个惊人的问题："我为了伊夫投身到时尚圈。正如我分享他的生活，我也想说他的语言。我很清楚他不会费力来学习我的语言。我是他生命中最重要的男人。这是因为他最爱我，还是因为他需要我？我不知道。"

这是谁的错？一个不知名的亲属把他们称做"两个魔鬼"。这么说很恶毒。如果是因为他们结为伴侣才变得可怕？如果他们什么都不一起做？一个例子：当伊夫会因为和鸟一起过夜而死去的时候，皮埃尔正热衷于鸟类学。他们仅有过一个约定：做你想做的，我来负责一切。但这是魔鬼之约。伊夫与现实隔离。魔鬼堕入爱河也改变不了什么。他的保护比一个父亲的监护还要糟，这是真正的全面控制。马蒂厄·加莱（Matthieu Galey）把贝尔热叫做"可怕的眼镜蛇统治者"。

脱离日常生活之后，从某种程度上说，圣洛朗只不过是个公众人物，一个竭力追寻幻影却无法抓住的创造者。

这个来自阿尔及利亚的巴黎人想要扬名立腕，征服灯城，征服它的神秘与诱惑：在他触摸它们的时候，它们会感到陶醉。一个时尚王子从未在克里斯蒂安·迪奥的地盘之外存在过。战前，伊夫想要俘获和装扮的那些人只在供货商的通道里接待裁缝。至于巴黎，他刚刚以为已把它抓在手中时，他的荣耀就已逝去。

他期望能够长久的另一项征服也同样短暂：女性的解放、性解放、时尚的解放。时间的手腕如此简单，我们却无可奈何。上世纪六七十年代的性革命偃旗息鼓后，女权主义理论和运动实践也让女性对强势的男性模式产生反感。于是，她们，甚至无产阶级女性和公爵夫人，都变成了"资产阶级"女人。伊夫的确想打破常规，他也确实做到了。但首先，打破常规只需要片刻。人不能一辈子都在穿越卢比孔河（le Rubicon）。接下来还要面对正事，如果愿意的话，攻下罗马。其次，打破常规是有欺骗性的。圣洛朗把打破常规的欲望转移到了女性身上。对承认自己是同性恋、成为同性恋标志的担忧是他献身女性解放事业的动力。可以说，这也是他对女性解放运动的全部贡献。如今，穿裤子会很方便，在中国，几个世纪以来都是这么做的，在那里对这个问题并没有过多的理论。

伊夫梦想的世界，早在农业人口外流之前的亚森·罗平（Arsène Lupin）的世界，在他出生之前就已经消失，而他用自己的思想和行动加速了这个世界的灭亡。他最终被自己的追随者吞没。至于他的审美幽灵，令他感动的图像和名字的幽灵，首先启发了他的文学灵感。它们为他获得了声望，他用这些来让侯爵夫人以及她们的天蓝色帷幔、她们的饰带变得过时。它们帮助他"让性感过时"，让性感美人和她们漂亮的浅口胸罩变得过时，然后他在最神圣的东西中引入了满大街都有的东西，这个做法最后也落伍了。

可怕的职业生涯！圣洛朗把各阶层的人群搅在一起，在持续二十年的极度混乱中，这些人群的相遇看起来几乎不可能。个人。团体。时代。这支毫无节制的法兰多舞见证了欧洲从十九世纪过渡到今天。伊夫跳着舞，引领着轮舞，也被舞蹈牵引。

起初，他带着恶心与纨绔子弟的本领度过了"无耻的战后时期"。他不能忍受这个时期，但这个时期却滋养了他。解放后，他看到女性重新被社会监禁起来，尤其是借时尚之力。然后，他全力抓住了二十世纪六十年代，我们可以借用塔列兰（Talleyrand）对沾满玛丽－安托瓦内特（Marie-Antoinette）香气的法国大革命前的最后几年所说的话："不了解女人，就不懂生活的甜美。"

有毒的甜美，被无聊感、耻辱（第二次世界大战）和恐惧（第三次世界大战）的重担填满。同样有毒的是必须向制造了诸多奇迹的进步主义低头：非殖民化、萨尔塞勒区（Sarcelles）、罗马尼亚联合工厂，而在思想领域，它崇敬的是一对随从众多的华而不实之徒：任何为思考而自鸣得意的人都把马克思（Marx）和弗洛伊德（Freud）当祖先供奉起来。圣洛朗也参与其中。

同样，他还染上了二十世纪七十年代的色彩，那个时代的黑人头领和普通列车、悲惨的蓬皮杜风格、胖叔叔为父亲下葬、新社会、《大迪迪什》（le grand Duduche）、R16、吉斯卡尔和他的转变，建立了沿用至今的法律武器和流派，额外产生的还有造型艺术、机遇剧、行为艺术、令人难以忍受的电影，以及阿兰·德隆的沉默、约瑟·乔凡尼的对话、弗米加、小农庄和尖领。

很难在这样的桑拿浴中独善其身。朱庇特（Jupiter）用同样的方式为我们创造了同一类叫花子、设计师、社会展望学家或哲学家：从中分辨出的是昨日的荣耀，而非今天的成就或认可的荣耀。

让我们回头看看这场旋风。圣洛朗发布他的梯形系列时的法国，是一个各项运动方兴未艾的法国。对于本地居民来说，各条道路并非环形的，而是从新石器时代以来就是横向的。这是上世纪六十年代伟大战场的另一面。在我们失败的甲板上，教堂、城堡、市政厅、亡者纪念碑、铁路，总之，建筑物依然挺立，而人却已消失，仿佛被一颗文化中子弹、被证券交易所的股票暴跌所瓦解。他们的风俗习惯、信仰、道德、责任、禁忌都不存在了。这是寄居蟹的革命。死去的蛾螺固然华丽，但在它们的壳里住下的却是和它们毫无干系的人群。

一想到这样的动荡，历史的记忆顿时闪现，玛雅人、庞贝城（Pompéi）、罗马的洗劫、亚特兰迪斯（Atlantide），我们会想象这是异常现象的杰作，比如火山喷发、野蛮游牧部落的产生、涨潮、气候变化。然而事实并非如此。在上世纪六十年代，一种文明在欧洲消失，没有锣鼓喧天，也没有特殊效应。它自动消失了，蒸发了。可以说它是一种改变，也可以说它是一种把戏：昨晚还存在的精神世界第二天就不见了踪影。

这种现象躲过了警觉的行政部门。只有杂耍艺人和魔术师才能一下子抓住它们，成为并不情愿的自然主义者。因此，电影的幻影师、时尚的魔术师成为这种奇异消亡的资料员。或许费里尼和圣洛朗的设想给与了这场偷偷摸摸的巨变最好的构思。当然，有时候需要向导的帮助才能找到些许残骸。如果没有注释和词典，今天的年轻人很难理解"八又二分之一"是什么，同样，一个今天的时尚人士甚至不能理解圣洛朗的某些荒诞行为。编了码的当下有着玄妙的肥皂泡。正是它辨认出了上世纪六十年代标志性的文明烟消云散。这种日期明确的现代性。现代性中包含着时尚。伊夫曾说："夏奈尔生活在劳斯莱斯（Rolls）的时代，而我则生活在马特拉（Matra）的时代。"

大局已定。哈，马特拉！对这些还想着到处献殷勤的老头子来说，马特拉比凯旋（Triumph）或捷豹 E 型（Jaguar type E）都要动人。

事实上，圣洛朗无能为力。喜欢下定义的皮埃尔·贝尔热说他是"本分的改革者"。简单来说，他左右为难。一方面，他怀念基本的、永恒的东西："我不是嗜古的人。但是，如果过去非常完美，它就是现在。"

同时，在这个他曾经征服一切的行业里，他发现自己被迫服从残酷的当下法则。艺术家总是看着天空。他期冀永恒，甚至在他不相信永恒的时候。这给他些许安慰。我们都知道金字塔早晚会磨损殆尽，只是目前为时尚早。而在时尚领域里，时限无疑非常短暂。圣洛朗深受其苦，也只好适应它。适应的过程又是一种时尚。他始终殷勤，保持着微笑，总是准备抓住迎面而来的美。他深信自己一直在捍卫意识，同时也深知意识的形式在不断变幻。

至于那些待在岸上注视他的人，幸亏他，他们才能在时间的河流中看到值得一见的东西。至于那些追随他的人，他给了他们好好生活的礼物。她们都玩得开心，有时发现彼此更加有趣。结局好，就一切都好。

圣洛朗创造了当代女性。当代女性已入暮年。秩序统治一切。伊夫曾经代表今天，而今天已然结束。

（京权）图字：01-2010-0421

图书在版编目（CIP）数据

伊夫·圣洛朗：时代的色标／（法）李维斯著；余磊，李月敏译，
—北京：作家出版社，2010.4
　ISBN 978-7-5063-5308-3

　Ⅰ.①伊…　Ⅱ.①李…②余…③李…　Ⅲ.①圣洛朗，Y.（1936～2008）
—传记　Ⅳ.①K835.655.7

中国版本图书馆CIP数据核字（2010）第054381号

Fiona Levis
Yves Saint Laurent, l'homme couleur de temps
© Editions du Rocher, 2008
策划：猎文文化发展有限公司

Cet ouvrage a bénéficié du soutien des Programmes d'aide à la publication du Ministère
français des Affaires étrangères et européennes

Chasse Litté　　Centre du Livre Etranger des Editions Mer-Ciel

伊夫·圣洛朗：时代的色标

作者：（法）菲奥纳·李维斯
责任编辑：王炘　周茹　翟婧婧
封面设计：视觉共振设计工作室
出版发行：作家出版社
社址：北京农展馆南里10号　　邮码：100125
电话传真：86-10-65930756（出版发行部）
　　　　　86-10-65004079（总编室）
　　　　　86-10-65015116（邮购部）
E-mail: zuojia@zuojia.net.cn
http://www.zuojia.net.cn
印刷：紫恒印装有限公司
成品尺寸：140×205
字数：100千
印张：7
版次：2010年4月第1版
印次：2010年4月第1次印刷
ISBN 978-7-5063-5308-3
定价：25.00元